KB214159

그들은 왜 가톨릭 교회로 갔을까

모든 인간은 하나님의 형상을 닮은 존엄한 존재입니다. 전 세계의 모든 사람들은 인종, 민족, 피부색, 문화, 언어에 관계없이 존귀합니다. 예영커뮤니케이션은 이러한 정신에 근거해 모든 인간이 존귀한 삶을 사는데 필요한 지식과 문화를 예수 그리스도의 사랑으로 보급함으로써 우리가 속한 사회에 기여하고자 합니다.

목회사회학연구신서 1

그들은 왜 가톨릭 교회로 갔을까

엮은이 · 조성돈 · 정재영 ‖ **펴낸이** · 김승태
초판 1쇄 찍은 날 · 2007년 10월 10일 ‖ 초판 1쇄 펴낸 날 · 2007년 10월 15일
편집 · 김지인, 이덕희, 방현주 ‖ **본문편집디자인** · 김지인, 이훈혜, 정혜정
표지 디자인 · 이은희
영업 · 변미영, 장완철 ‖ **물류** · 조용환, 엄인휘

등록번호 · 제2-1349호(1992. 3. 31) ‖ **펴낸 곳** · 예영커뮤니케이션
주소 · (110-616) 서울시 성북구 성북1동 179-56 ‖ **홈페이지** www.jeyoung.com
출판사업부 · T. (02)766-8931, F. (02)766-8934 e-mail: jeyoungedit@chol.com
출판유통사업부 · T. (02)766-7912 F.(02)766-8934 e-mail: jeyoung@chol.com

copyright ⓒ 2007, 목회사회학연구소

ISBN 978-89-8350-452-4 (03230)

값 6,000원

목회사회학연구신서 1

그들은 왜 가톨릭 교회로 갔을까

경이적인 가톨릭 교회 성장과
개신교 성장 정체에 대한 목회사회학적 분석

조성돈 · 정재영 엮음

추천사

　이번에 목회사회학연구소에서 「그들은 왜 가톨릭 교회로 갔을까」를 출판한 것을 진심으로 축하한다. 이 책은 작년에 위 연구소가 마련했던 포럼의 자료들을 엮어 낸 것으로 알고 있다. 2005년 한 해는 한국 기독교에게 뼈를 깎는 반성의 시간이었다. 통계청이 2005년에 실시하여 발표한 인구주택 총조사 결과에서, 우리나라 3대 종교 중에서 불교는 3.9% 증가했고, 천주교가 74.4% 증가한 반면에 개신교는 1.6% 감소한 것으로 나타났기 때문이다. 불교와 천주교 인구는 여전히 증가했는데 유독 개신교 인구만 감소했다는 것이다. 이에 따라 개신교 여기저기서 자성의 소리가 쏟아져 나왔고, 이러한 맥락에서 목회사회학연구소도 2006년 11월에 한국기독교백주년기념관에서 이 책의 주제와 동일한 제목으로 포럼을 개최하였던 것으로 기억한다. 이 포럼은 개신교의 침체와 달리 신도 숫자가 크게 증가한 가톨릭의 성장 원인을 파악하여 한국 교회의 활로를 모색해 보자는 취지에서 마련된 것으로 알고 있다.

　이 포럼에서 발표된 지적과 비판들은 한국 교회를 위한 따끔한 채찍이 될 만했다. 특히 개신교에서 가톨릭으로 개종한 사람들을 심층 인터뷰하여 쓰여진 '개종자를 통해 본 한국인의 종교성' 논문은 한국 교회에 많은 반성을 끌어내었다. 오늘날 한국 교회가 내포한 문제점들을 개신교를 떠나 가톨릭으로 간 사람들의 입을 통해서 잘 드러냈기 때문이다. 물론 이런 지적들엔 다소 과장되거나 자신들의 주관에 따라 말한 부분이 있을 수 있다. 하지만 개신교인들이 가톨릭으로 많이 옮겨 가는 현실에서 교회가 경청해야 할 부분이 있는 것은 분명하다. 전체적으로 교회가 성당보다 깊이가 얕고, 덜 자유로우며, 유연성이 떨어지는 '경직된' 조직으로 비쳐진 것은 곱씹어볼 만하다. 특히 교회와 목회자가 세속적으로 보인다는 것은 목회자인 내가 먼저 반성을 하지 않을 수 없는 대목이었다.

작금의 상황은 한국 교회의 깊은 자기 성찰과 쇄신의 몸짓을 요구하고 있다. 이번 포럼의 결과물은 이러한 반성을 위한 좋은 도구가 될 것으로 믿는다. 한국 교회의 문제를 스스로 들여다보고 고쳐 나가야 할 중요한 출발점이 되기를 바라는 것이다. 이렇게 귀한 자료가 책으로 출판되어 나오게 됨을 마음으로부터 환영하며 모쪼록 이 땅의 많은 그리스도인들이 함께 읽고 서로의 생각을 나눌 수 있는 좋은 기회가 되기를 바란다. 이를 통하여 한국 교회가 새로운 몸짓으로 다시 일어서기를 기대해 본다.

덕수교회 담임목사
한국목회자협의회 회장
손인웅 목사

'2005년 인구 주택 총조사'는 단지 개신교뿐만 아니라 가톨릭에도 많은 영향력을 미치고 때론 문제점을 제시했다. 개신교는 마이너스 성장이라는 현실을 눈으로 보게 되었고, 가톨릭은 지난 10년간 74.4%라는 경이로운 성장을 이루었다. 이러한 특별한 현상으로 인해서 사람들은 많은 생각을 하게 되었고, 그 결과는 백가쟁명식의 다양한 수준의 논의들이었다. 목회사회학연구소에서는 한 번 정도 과학적으로 이러한 문제에 대해서 정리가 필요하다는 생각을 하게 되었고, 그 결과가 2006년 11월 30일에 있었던 '2005년 인구 주택 총조사 그 이후, 현대인의 마음을 사로잡은 가톨릭 성장'이라는 공개 포럼으로 나타나게 된 것이다.

공개 포럼이 준비되는 과정에서 많은 사람들의 관심과 격려를 받았다. 연구소가 설립되면서 처음 개최하는 포럼이었고, 몇몇 발표자에 의한 단순한 포럼이 아니라 연구소에서도 개신교에서 천주교로 개종한 사람들을 조사하는 연구도 진행하여 발표하였기 때문에 더 많은 관심을 얻었던 것 같다. 특히 연구소의 연구가 한국에서는 처음 있었던 개종에 관한 연구였고, 개신교에서 천주교로 개종한 사람들을 대상으로 한 심층 인터뷰라는 특별한 방법을 사용했기 때문에 그 의미가 있었다. 심층 인터뷰라는 방법은 주로 설문조사를 통한 양적 연구와 대비되는 사회 조사 방법으로서 최근에는 유럽 쪽에서 선호되고 있다. 주체가 되는 인간에 대한 깊이 있는 연구가 가능하다는 장점으로 인해서 점점 많이 사용되고 방법이다.

이 책은 먼저 박영신 교수의 '개신교의 성장과 반전'이라는 글로 시작되어진다. 그는 성스러움을 잃어버린 교회를 지적하며 세상과 구별되어지지 않는 가치관과 방법이 난무하는 교회를 지적하고 있다. "교회 안의 물질주의자들, 예수 그리스도를 불러대는 유물론자들, 물질 조건이 삶의 근본이고 그 조건이 충족되어야 목회도 하고 교회도 운영할 수 있다고 믿는 철저한 유물론의 신봉자들, 그들 모두 '지평 초월'을 경험해야 한다."는 그의 지적은 정말 살을 깎는 아픔이 이 교회에 필요함을 외치고 있다.

그 다음은 오경환 신부의 '가톨릭 신자의 괄목할 만한 증가와 그 요인'이다. 오 신부는 우리나라에서 원로급 종교사회학자이기도 하며 인천가톨릭대학교 명예교수이기도 하다. 그의 참여는 그간 논의가 개신교 안에 머물렀던 한계를 넘어서 직접 가톨릭의 종교사회학자를 통해서 그들의 시각에서 이번 인구 통계에서 나타난 가톨릭의 성장이 어떻게 설명되는가를 볼 수 있는 귀한 기회였다. 그의 지적은 가톨릭이 국민들에게 '호감'을 전해 주었다는 것이고, 그 요인은 1) 천주교의 결속력, 2) 천주교의 청렴성, 3) 천주교회의 정의와 인권 활동, 4) 조상 제사와 장례 예식에 대한 유연한 태도, 5) 타종교에 대한 열린 태도 등으로 요약되고 있다.

3장은 조성돈 교수의 '목회사회학적 관점에서 보는 한국 교회 마이너스 성장에 대한 원인 분석과 대안'이라는 글로 여기서는 한국 교회의 침체에 대한 종교사회학적 설명을 소개하고 목회사회학 나름의 설명을 강조하고 있다. 그러면서 현대인들의 종교성이라는 주제 하에 가톨릭의 성장을 분석하고 개신 교회의 나아갈 방향이 제시되고 있다.

4장은 목회사회학연구소의 정재영 교수와 이승훈 교수의 '개종자를 통해 본 한국인의 종교성'이라는 글이다. 연구소가 주도한 인터뷰를 중심으로 현대인들의 종교성을 분석해 본 글로서 종교사회학자 나름의 날카로움을 보여주고 있다. 결론적으로 이야기하면 현대인들은 종교성에 있어서 그 정체성이 약하며 종교적 신념 보다는 오히려 한국사회 특유의 가족주의가 더 많은 영향력을 끼치고 있다는 것이다.

5장은 두 명의 개종자 인터뷰를 정리하여 싣고 있다. 한국에서 처음 행해진 개종자에 대한 연구이고, 심층 인터뷰라는 특별한 방법론이 쓰였기 때문에 이 자료를 공유하고자 하는 욕심에서 당사자들의 동의를 얻어 실었다.

전체적인 연구와 포럼 발표를 통해서 얻은 결론은 현대에 이르러서도 종교 인구는 꾸준히 늘고 있다는 것이다. 문제는 이러한 증가에도 불구하고 개신교만 유독 줄어들고 있다는 것인데 이에 대한 경각심이 우리에게 필요하다고 본다. 둘째는 이러한 종교 인구의 증가에도 불구하고 현대인들은 종교의 문제를 그렇게 심각하게 생각하고 있지는 않다는 것이다. 그냥 자신들이 생각하는 종교를 옷을 입듯 그들의 삶에 덧입고 있다는 느낌이다. 그 종교의 본질이나 교리적인 타당성에 의해서 실존적 선택을 하는 것이 아니라 자신들이 생각해 볼 수 있는 바람직한 종교적 모습을 갖추고 있는 종교를 선택하고 있다는 것이다. 따라서 그들의 선택에서 중요한 것은 각 종교들이 가지고 있는 '호감'이나 '이미지'라고 볼 수 있는데 바로 이 부분에 있어서 개신교는 상당한 어려움을 가지고 있다고 볼 수 있다.

이제 시작되는 연구 분야라 더 연구될 부분들이 열려 있는 것이 사실이다. 그러나 이러한 시작으로 인해서 한국 교회가 좀 더 과학적인 분석과 제안들을 내어 놓을 수 있을 것을 기대해 보고 더 나아가서는 지금과는 다른 방향으로 선회하여 바른 교회들을 통해 한국 교회가 다시금 부흥의 계절을 맞이하기를 기원한다.

이 책이 이루어지기까지 많은 분들에게 사랑의 빚을 졌다. 포럼이 이루어지기까지 도와주셨던 분들은 이 책 뒤에 있는 포럼 인사에 대신하고, 이 자료들이 책으로 엮일 수 있도록 도와주신 예영커뮤니케이션의 김승태 대표님에게 이 자리를 빌려 감사를 드린다. 그의 신뢰가 책이라는 형식에 도전할 수 있는 용기가 되었다. 그리고 포럼 이후 우리의 연구를 귀히 여겨 관심을 가져 주시고 격려해 주신 한국 교회의 여러 성도들과 지도자들에게 감사를 드린다. 그들의 관심처럼 한국 교회가 한 단계 더 성숙되고 발전되기를 기대해 본다.

감사의 마음으로
조성돈 · 정재영

차례

한국 개신 교회의 성장과 반전

박영신(연세대학교 명예교수

실천신학대학원 석좌교수)

1. 구별의 의미

자기 '참모습' 곧, 정체성을 찾는 과정에서는 자기를 다른 것과 구별해 내는 능력과 행위가 중요하다. '나는 나다' 또는 '나는 이러한 사람이다'라고 할 때는 이런저런 점에서 내가 다른 사람과 구별된다는 것을 스스로 확인할 수 있어야 한다. 구분하고 분류하면서 자기 참모습을 구성하고 획득한다. 교육받은 사람은 교육 받지 않은 사람과 언어와 행동에서 차별성을 확인하면서 교육받은 사람의 자기 참모습을 일구어간다. 그 과정에서 사회 지위와 권위를 얻기도 한다. 청렴한 사람은 부패한 무리들과는 다른 자신의 가치 지향성과 행동거지에서 확인하면서 자기 참모습을 분명히 해 간다. 개인의 수준에서뿐 아니라 집합체의 수준에서도 그러하다. 한 집단의 자기 참모습은 다른 집단과 구별되는 데서 비롯되어 나온다. 어떤 집단이 뚜렷한 자기 참모습을 얻으려면 다른 집단과 스스로 구별해야 하고 또 구별되어야 한다. 시민 운동 단체가 영리를 목적으로 하는 기업체와 별로 다르지 않아 구분될 수 없다면 그 시민 단체는 자기 위치를 확보할 수 없다. 그리하여 시민 운동 단체는 영리를 추구하는 조직체와는 '다른' 가치를 내세우고 '다른' 목적을 지향한다. 그렇게 '자기 참모습'을 지켜간다. 그렇지 않으며 존재 이유마저 잃기 때문이다.

이러한 현상을 종교 집단에 적용해 보면 더욱 극명해진다. 교회와 같은 믿음의 공동체는 다른 집단과 구별되는 그 특유의 상징과 가치와 이념을 표상하고 그 특유의 의례에 참여하면서 자체의 참모습을 확인하고 구성한다. 그러므로 믿음의 공동체는 자체의 믿음에 기초하여 다른 집단과는 '다르게' 세상을 보고 '다르게' 사물을 풀이하며 살아가고자 한다. 곧 다른 집단이 값있다고 여기는 것과는 '다른' 것을 값있다고 하고, 다른 집단이 바라는 것과는 '다른' 것을 바라고, 다른 집단이 살아가는 방식과 '다른' 방식으로 살아가는 길을 제시한다. 그리고는 믿음의 공동체에 속한 사람들에게 그러한 삶의 지향성과 삶의 방식을 기대하고 요구한다. 거기에 속하지 않은 사람들과 구별하기 때문이다. 믿음의 공동체가 내세우고 있는 해석의 틀이 바깥 다른 집단이 들어서 있는 해석의 틀과 구별된다는 점에서, 그것은 잡스런 세상과는 다른 '성스러움'의 세계에 들어서 있다고 할 수 있다. 그것이 이 공동체의 자기 참모습이고 자체의 존재 이유이다.

아래에서는 이러한 관심의 눈으로 한국 개신 교회의 됨됨이를 들여다보고자 한다. 오늘의 한국 교회가 어떤 모습으로 존재하고 있는지를 살펴보고, 개신 교회가 '성스러움'을 얼마나 잘 지켜가고 있는지 뜯어본 다음, 함께 생각해야 할 문제가 무엇인지 점검해 보고자 한다.

2. 오늘의 개신 교회

개신 교회는 적어도 외형으로는 다른 집단과 구별된다. 성스러움을 과시하려 한다. 건물에 십자가를 달아 두고 있다. 가능하면 그 십자가가 웅장한 군림의 모습을 띄도록 연출한다. 밤에는 십자가가 빨간 색 전등 불빛으로 변해 다른 건물과 다르다는 것을 강조하고 과시한다. 심지어는 그 붉은 밤하늘의 십자가가 아파트의 베란다 바로 앞까지 침범한다. 교회 건물 안도 다른 건물과 다르게 구성한다. 강대상을 한 가운데 두고 각양의 십자가를 여기저기에 걸어놓는다. 교회 건물의 안과 밖에서 드러내 보여 주고자 하는 틀거지의 기풍은 자못 자기 참모습의 성스러움을 상징한다.

그러나 교회 건물의 안과 밖에 걸쳐 있는 겉모습만으로는 역부족이다. 그것으로 성스러움을 다 아우를 수는 없다. 교회가 표상하는 상징과 가치 지향성과 행위 유형에서도 성스러움이 표출될 수 있어야 한다. 교회가 성스러운 공동체라고 한다면 마땅히 바깥 다른 집합체와 구별되는 상징과 가치와 행동 지향성을 표상할 수 있어야 한다. 오늘날의 교회는 그 수준에 이르지 못하고 있다. 겉모양을 빼두고 보면 바깥 사회의 됨됨이와 근본에서 구별되지 않는다. 우리 사회를 휩쓸고 있는 물질주의와 경제지상주의의 이념과 가치와 궤를 같이 하고 있을 뿐이다. 이 점에서 개신 교회는 자기 참모습을 세워두지 못하고 있다. 바깥 사회의 흐름과 구별되지 않고 있기 때문이다. 바깥 사회가 추구하고 숭상하는 신과 구별되는 '하나님'을 교회가 체현하지 못하고, 교회 바깥 사람들이 열광하며 믿는 물질의 부와 자기 중심의 이기성을 정당화 해 주는 바깥 신들을 돌파하는 '하나님'을 교회가 드러내지 못하고 있다. 말하자면 십자가를 건물 위에 달아 두고 십자가를 건물 안에 걸어 두어 다른 공간과 구별하고자 하나, 그 안에서 추구하고 표상하는 것은 바깥 사회가 추구하고 표상하는 것과 근본에서는 다르지 않다는 것이다.

수능 고사 때면 벌어지는 일이 보기이다. 벌써부터 '며칠 동안'의 특별 기도회나 새벽 기도회가 열렸고, 그 기도회에 더욱 열성이었고 또 더욱 붐비기도 했다. 교회의 모든 교역자들이 동원이 되어 시험 과목과 시험 시간에 맞춰 거기에 어울리는 기도도 올렸다. 십자가가 걸린 건물 안에서 벌어지고 있고 있는 기도 모임이기는 하지만 다른 상징물을 모시고 있는 다른 종교 공동체와 하등의 차이가 없는 행태이다. 다른 종교 집단에서도 특별 기도회를 열고, 그 종교의 의례에 따라 개신 교회의 기도회와 같은 시간대에 같을 항목을 위해 같이 빈다. 목회자들은 교인들의 요구가 있는 한 어쩔 도리가 없다는 식의 반응을 할 것이다. 교인들이 기대하고 원하는 것이라면 무엇이나 다 수용해야 한다는 뜻이다. 그러한 타성이 타성을 낳아 오늘에까지 이어지고 있는 셈이다. 그렇게 하여 오늘의 교회는 기도회의 공간만이 다른 종교 집단과 구별될 뿐 기도 모임의 뜻이나 소원의 내용과 방식에서는 구별이 되지 않고 있다.

이렇듯, 겉으로 드러내고자 하는 건물의 구별된 모습을 빼놓고 보면 오늘의 개신 교회 자체의 성스러움은 그렇게 뚜렷하지 않다. 교회 밖의 사람들이 바라고 꿈꾸고 얻고자 하는 그 모든 것들을 교회와 교인들도 가감 없이 바라고 꿈꾸고 얻고자 한다. 이 점에서 교회는 바깥 세상과 전혀 다르지 않다. 동일한 상징과 가치 지향성과 행동 유형을 가지고 있다. 교회의 내면 세계는 교회 바깥의 세상과 깊은 수준에서 전혀 구별되지 않고 있다.

세상의 성공 기준과 교회의 성공 기준이 하나이고, 세상에서 복되다고 하는 것과 교회에서 복되다고 하는 복의 기준 또한 하나이다. 세상이 섬기는 신과 교회에서 섬기는 하나님이 놀랍게도 한 지점에서 같이 만난이다. 세상이 표상하는 복과 교회에서 표상하는 복이 하나로 수렴되고 있다. 교회 안과 교회 바깥의 상징과 가치와 이념이 서로 어울리고 서로 짝짜꿍이 되어 구별되지 않는다. 세상의 신과 교회의 하나님이 구분되지 않는 오늘의 개신 교회, 한마디로 자기의 참모습을 세우지 못하고 세상과 짝해 버렸다. 세상과 짝하고 있는 한 거기에는 성스러움이 있을 수 없다.

3. 분별력을 잃고

경제 행위 자체는 더러운 것도 아니다. 정당한 경제 활동을 통하여 정당하게 얻은 이익 또한 더러운 것이 아니다. 교회의 가치 지향성과 행동 덕목이 교회 바깥의 경제 논리와 '구별'되지 않고 뒤섞여 믿음의 공동체가 지켜 가야 할 자기 참모습이 퇴색하고 약화되는 데서 자체의 순수성을 잃어버리게 된다. 장사하는 사람이 시장에서 호객 행위를 하면서 열심히 경제 행위에 참여하는 것은 속된 것이 아니다. 그렇게 해서 돈을 벌어 그 돈으로 값비싼 자동차를 사서 몰고 다니는 것도 정당하다. 그러나 시장터가 아닌 교회 안에서 경제 행위와 구별되지 않는 일이 일어난다면, 상인이 아닌 목회자가 장사하는 사람과 구별되지 않는 행동을 하게 된다면, 그것은 곧바로 '더러운' 것이 된다. 교회라는 믿음의 공동체가 상행위가 벌어지는 시장 바닥과 구별코자 하지 않고 오히려 거기에 휘말

려들고 있기 때문이다. 교회 건축이나 교회의 사업을 위해 시장 바닥의 호객 행위와 비슷한 투로 크게 소리 지르면서 헌금을 내도록 유도하는 것은 시장과 교회를 구분하지 못하는 '공간 혼돈'의 현상이다. 교회가 크고 헌금이 많다고 해서 값비싼 큰 승용차를 구입해서 으스대듯이 행동하는 것은 목회자와 상인을 구분하지 못하는 '직업 혼혼'의 현상이다. 교회가 구별됨을 지켜가지 않고 혼돈의 상황에 들게 되면 곧바로 '더럽혀진다'. '기도하는 집'을 '장사하는 공간'으로 삼게 되면 '성전을 깨끗하게' 해야 하는 뜻을 그르치는 것이다.

이렇듯, 한국 개신 교회는 시장 논리에 빠져 그 방식으로 움직이고 있다. 교인이 많아야 헌금이 많이 들어오고, 당연히 교회를 증축하고 재건축해야 한다. 부족하기 마련인 부대 시설을 갖춰야 한다. 그것이 '성공한'(?) 교회로 올라서는 길이며, 정형화된 교회의 상식이며 논리이다. 그것이 바로 성공한 교회의 목회자가 군림할 수 있는 발판이다. 마치 돈을 갑자기 번 졸부들이 허세를 부리는 천박한 행태를 보듯이 목회의 '성공 스토리'의 단골 메뉴로 거론되는 교회들이 오만한 허세를 부리기도 한다.

아주 건실하다고 하는 40대 중후반의 어느 목회자도 정형화된 교회의 성공 방식에서는 벗어나지 못하고 있다. 그는 교인들로부터 존경의 대상이 되고 있다. 걸핏하면 돈 이야기를 늘어놓았던 전임 목회자의 실패 이야기를 교훈으로 삼아 그는 돈 이야기를 하지 않는다. 헌금 이야기를 꺼내지 않는다. 한 4~5백 명 되는 수도권 신도시의 한 교회 목회자에 관한 이야기이다. 그러나 그를 만나 내밀한 이야기를 듣게 되면 그 또한 성장의 성공에 대한 갈망을 저버리지 않고 있었다. 그 꿈을 '아직은' 밝히지 않고 때를 기다리고 있을 뿐이었다. 그의 마음속에는 시내 한복판에 10여 층 건물을 높이 세워 그 안에서 문화 교실과 같은 모든 프로그램을 진행시킬 수 있는 원대한 목회의 꿈이 부풀어나고 있었다. 언젠가는 잠복중인 자신의 성장 비전(?)을 선포할 수 있을 것이라며 기회만 엿보고 있다.

번듯한 대형 교회 건물을 올려놓으려는 데 관심이 집중되어 있다. 그것이 이른바 목회 성공의 잣대이며 성공한 교회의 평가 기준이다. 성공한 목회자는 건물이 웅장하고 교인이 많아야 한다. 우리 사회가 지난 몇 십 년 동안 성장 위주의 의식 세계에 빠져들게 되면서 교회조차 성장 이데올로기에 휘둘리게 된 탓이다. 성장의 가치와 이데올로기가 곧 개신 교회의 신학과 설교와 목회의 틀로 작동해 왔다. 드러내 놓고 여기에 어떤 깊은 성찰과 비판을 가한 적이 없다. 성장의 가치와 이념에 갇혀 버렸다. 교회 성장의 일대 행군에 신학과 목회는 즐거운 협력자였고 의기양양한 나팔수였다.

교회 성장의 경쟁 마당에서 성공을 걸고자 하는 맹렬한 쟁투의 과정에서, 다른 모든 것이 부차의 자리로 떨어져 버렸다. 심지어 옳고 그른 것을 판별할 수 있는 기회와 능력조차 뻔뻔스런 성장의 논리 밑에 묻혀 버렸다. 다른 사회 조직과 집단과 다르다는 것을 확인해야 할 '분별'의 힘이 쇠잔해졌다. 성장의 성공을 거둔 자들의 허세는 대가를 치러야 했다. 교회가 지켜 가야 할 성스러움을 잃고 더럽혀졌다.

말씀의 빛에 비추어 마구 흘러 들어오는 바깥 사회의 가치와 요구를 걸러 내는 변별의 능력을 잃어버렸다. 말씀의 '중재' 과정을 거치지 않고 들어온 속된 가치와 요구에 교회가 굴복하여 거기에 장단 맞추고자 했을 뿐이다. 그들의 기대와 요구가 과연 성경에 기초하여 지지될 수 있고 지탱될 수 있는 것인지를 깊이 캐물을 수 있는 돌파의 능력을 행사하지 못했다. 바깥 세상의 가치 지향성에 뒤섞이면서 교회 자체가 더럽혀졌다. 어떠한 정제 과정도 거치지 않은 채 흘러 들어온 불순물을 걸러 내지 않았다. 더러운 찌꺼기조차 수용해 버린 형국이 되었다. 믿음의 공동체가 지켜 가야 할 자기 참모습과 그 존재 이유와는 아무 상관없는 바깥 불순물이 아무런 정제 과정도 거치지 않고 단숨에 교회로 유입되고 있다.

교회가 바깥 사회의 흐름에 맞춰 가는 순응의 행태이다. 믿음의 눈을 통하여 그 기대를 점검하고 '말씀'으로 그 요구를 검토치 않는다. 여과와 정제가 없이 바깥 세상의 가치와 이념과 의식 세계를 받아들이기만 한다. 거르지 않고 곧장 받아들이는 이 수용의 과정에서 교회는 바깥 사회와 구분될 수 있는 기회를 포기하고 구별하고자 하는 능력을 잃게 되었다. 그렇게 해서, 교회는 밖으로부터 흘러 들어오는 물결을 돌파해 가기는커녕 거기에 휩쓸려 뒤범벅이 되어 자기 참모습을 잃어버리고 있다. 교회가 바깥 세상과 구별되는 '성스러움'을 드러내지 못하고 더럽혀지게 된 것이다.

4. 반전의 반전을 위하여

마침내 교회의 성장 드라이브에 모두가 지친 것 같다. 지난 70, 80년대처럼 성장을 되풀이 하기는 어렵게 되었다. 그런데도 모두들 지난날을 그리워하며 그 시대로 되돌아가고 싶어 한다. 여기에 문제가 있다. 교회의 의식 세계가 성장의 지평에 고착되어 성장의 가치와 이데올로기를 돌파할 수 있는 가능성과 능력을 잃어버린 것,

바로 이것이 한국 개신 교회의 앞날을 어둡게 하기 때문이다. 바깥 사회에서 몰아가고 있는 더 많은 물질의 추구와 획득, 더 큰 교회 건물의 확보와 같은 욕망에 사로잡혀, 우리 사회를 병들게 하고 우리의 삶을 일그러뜨리는 추하고 오염된 것을 되돌려 놓아야 할 새로운 지평에 눈을 돌리지 않는다. 아직도 바깥 사회의 문화 지평에 적응하는 것을 능사로 삼고 있다.

그러한 나머지 '말씀'의 전통 위에 '말씀'의 권위를 세우지 못하였다. 세상과 구별되는, 세상을 바꾸라 하는 '말씀'과는 상관없는 바깥 사회의 성공 이야기를 늘어놓기에 여념이 없었기 때문이다. 바깥 사회의 가치 지향성에 동조하고 순응하는 것, 그것을 돌파하여야 할 '변혁자로서의 그리스도'에 대한 깊은 신앙은 지평에서 멀어만 갔다. 그리하여 한 지식인은 일러 준다. 새로운 것이 없이 바깥 사회의 가치 지향성을 쳇바퀴 돌듯이 되풀이하는 '말씀 증거'라는 것이 '마치 약장수 같다'는 것이었다. 진실성을 찾기 힘든 말만 되풀이하여 늘어놓고 싸구려 농담과 반말과 비속어에 신물이 난 것이다. 폭압이 극에 달했을 적에는 침묵으로 일관하던 사람들이 오늘에 와서 몇 마디 성경 구절로 어느 특정 정당의 정치 노선을 덧씌워 설교하는 데도 실망한다. 바깥 '더러운' 것을 걸러내지 않고 마구 교회 속으로 끌어들이면서 스스로 바깥 집단과 구분하지도 않고 구별할 수도 없게 된 교회, 그 곳에는 성스러움이 없었다. 모든 것을 넘어서는 초월의 세계가 아쉽고 그리웠던 것이다. 말이 적고 말이 없는 조용한 의례의 성스러움으로 모든 것을 초월하고자 하는 길 건너 저쪽의 신앙 공동체가, 개신교에 실망한 이들에게는 유일한 대안의 선택이었던 것이다.

바깥 노래를 교회 안에서 되풀이 하는 일을 멈출 때가 온 것이다. 바깥 사회의 노랫가락과는 구별되고, 그 노래의 상징과 가치를 넘어서 '말씀'으로 돌아가야 한다. 거기에서 개신 교회의 성스러움을 찾을 수 있을 뿐이다. 바깥에서 요란을 떠는 온갖 소리들과는 뜻과 지향성에서 '다른' 그 구별된 '말씀'에서 성스러움을 확인할 수 있어야 한다. 바로 여기에서 반전의 계기를 찾아야 한다. 반전은 단순히 성장 둔화의 방향을 바꾸어 성장의 목표를 향해 달려가는 것에 있지 않다. 바깥 경제 논리로 '오염된' 성장주의를 '말씀'으로 반전시키는 것이어야 한다. 개신 교회가 관심을 집중해야 할 것은 '성스러움'에 대한 것이다. 말씀이 행사해야 할 그러한 '성스러움'에 대한 관심을 불러 일으켜야 한다. 세상과 구별되는 개신 교회가 존재해야 할 근본 이유이자 가치이며 이념인 바로 그것을 활성화하고 재활성화하는 것이다. 성령 운동은 다른 것이 아니라 바로 이러한 것이다.

바깥 사회의 시장 논리에 따라 성장하고 또 성장하고, 성장하다 개신 교회가 부닥치게 된 반전과 그 반전을 두고 동요하는 것은 여전히 같은 지평 위에 서 있기 때문이다. 성장의 지평 그 너머의 더욱 높고 넓은 지평을 우러러볼 수 없었던 것이다. 한국 개신 교회가 맞닥뜨린 근본 문제와 도전은 낮고 좁은 지평 위에서 벌어지는 굴곡 현상이 아니다. 지평의 이동이라는 과제를 안고 있는 것이다. 더럽고 추하고 더러운 현존 사회의 의식 세계 그 지평 위에서 요란한 시장 논리의 풍악 소리에 장단 맞춰 왔던 성장의 축제 판을 멈춰야 한다. 이러한 점에서 지평 이동은 같은 지평 안에서의 이동이 아니다. 이 땅의 지평에서 벗어나 높고 넓은 하늘의 지평으로 옮겨 가야 하는 '지평 초월'의 이동이다. 교인의 머리 숫자와 헌금 액수, 교회당 건물의 크기, 그 지평에 모든 관심과 에너지를 집중해 왔던 데서 세상의 상징과 가치와 행동 유형과는 '다른' 저 높고 넓은 지평으로 넘어가야 하는 초월의 경험이다.

교회 안의 물질주의자들, 예수 그리스도를 불러 대는 유물론자들, 물질 조건이 삶의 근본이고 그 조건이 충족되어야 목회도 하고 교회도 운영할 수 있다고 믿는 철저한 유물론의 신봉자들, 그들 모두 '지평 초월'을 경험해야 한다. 교회 바깥의 시장 논리와 구별되는 '다른 논리'로 세상을 보고 교회를 이해해야 한다고 주장하면 어김없이 그 주창자는 즉각 규탄의 심판대에 오른다. 현실을 이해하지 못하고 목회 현장을 알지 못하는 탁상 공론자로 몰아냄을 당한다. 나아가 '그런 논리와 눈'으로 교회를 진단한다면 숫제 교회의 문을 닫고 목회를 그만 두어야 한다'고 내뱉는다. 그만큼 물질의 요인과 그 힘을 굳건히 믿고 있다. 물질의 논리에 기초해서 모든 것을 바라보고 거기에 기초해 모든 것을 풀이하려는 논리가 신앙의 수준으로 올라서 있는 상황이다. '지평 초월'에 대한 저항이 크면 클수록 '지평 초월'의 당위성은 커진다.

5. 이 도성 다시 보며

개신 교회는 교인의 숫자가 줄어든다고 하여 안타까워한다. 심지어 위기에 처했다고 해서 불안한 느낌까지 갖는 듯하다. 이 정황을 이해하지 못할 것은 아니다. 그러나 다시 생각할 것이 있다. 겉으로 드러난 이 정황을 두고 안타까움과 위기감을 갖는 그 생각의 구조를 깊이 들여다볼 필요가 있기 때문이다. 교회가 바깥 집합체와 '구별되는' 교회다운 교회로 서 있는지 깊이 뜯어보는 대신에,

행여 '성장 위주'의 의식 세계에 깔려 안타까워하고 불안한 느낌을 갖는 것은 아닌지 스스로 물어볼 수 있어야 한다. 여전히 겉으로 드러나는 성장의 잣대로 정황을 재어 보고는 위기라고 결론내리고 있는 것은 아닌지 스스로 깊이 헤아려 보아야 한다. 다른 말로, 교회는 '성스러움'을 표상하고 있는지에 대하여 스스로 물어볼 수 있어야 한다. 그러한 깊은 물음은 아예 접고, 바깥 사회가 표상해 온 '성장'이라는 거울 앞에 서서 느끼게 되는 통례의 안타까움과 위기감에 빠져 있다면 그것이야말로 문제이다. 교회는 모름지기 바깥 세상과 구별되고, 구별해야 한다. 그 구별 행위에서 자기 참모습을 얻게 된다. 그렇게 해서 '성스러운' 교회의 존재 이유를 확보한다.

깊이 꿰뚫어 보는 예수의 사람은 그 성장 위주의 의식 세계와 성장 이데올로기의 사슬에 묶여 안타까움을 호소하고 위기론을 펼치고 있는 통례의 틀에서 벗어나고자 할 것이다. 오히려 그것보다 더욱 깊은 수준에서 안타까움과 위기감을 느끼기 때문이다. 그리하여 예수의 사람은 속된 바깥 세상이 치켜세워 온 의식 세계와 이데올로기를 돌파한다. 그가 안타까워하는 것은 더 이상 껍데기의 통계 수치가 아니다. '성스러움'을 잃고 있는데도 거기에 대해서는 어떤 믿음의 감수성도 갖지 못한 겉모양의 크기를 두고 요동하는 것을 보고 안타까워하고 또 슬퍼한다.

그러나 그 눈물은 혼자의 눈물이 아니라는 것을 알고 있다. 예수도 이 도성을 보시고 우시고 있다는 것을 예수 사람은 알고 있기 때문이다. 그러므로 눈물을 흘리는 예수의 사람은 외로울 수 없으며, 외롭지 않다. 그는 차라리 복된 자로 애통할 뿐이다. 스스로 복된 자라는 자기 참모습을 지켜가고 있는 사람이다. 그렇다. 예수와 함께 이 도성을 보고 울 수 있는 자, 그는 참으로 복된 자다.

가톨릭 신자의 괄목할 만한 증가와 그 요인

오경환 신부(인천가톨릭대학교 명예교수)

1. 들어가는 말

2006년 5월 26일자 신문에 2005년 11월 1일에 실시된 인구주택 조사결과와 함께 한국 종교 인구 변동에 대한 기사가 동아, 중앙, 조선일보에 짤막하게 나온 것을 10여일 지나서야 알게 되었다. 지난 10년 동안에 천주교 신자가 많이(74%) 증가했다는 내용을 보고 우선 조사 과정에서 무엇이 잘못된 것 같다는 생각이 들었다. 지난 10년 동안에 신자 증가율이 많이 둔화되었다고 생각하며 살아 왔기 때문이다.

개신교 신자의 수가 지난 10년 동안에 14만 4천 명(1.6%)인가가 감소했다는 내용을 보고는 사실 깜짝 놀랐다. 개신교에서는 선교를 아주 열심히 하고 신자수가 빠르게 증가한다는 글을 1970년대부터 읽었고 그런 말을 많이 들어 왔으니 말이다.

개종이 무엇이냐에 대한 사회학자들의 논의가 많지만 한국에서 한 사람이 천주교 신자가 되는 것은 개종이라고 보려고 한다. 개종을 위해서는 어떤 종교에 대한 교리 지식보다는 그 종교에 대한 호감이 매우 중요하다고 생각한다. 사람들은 일상생활 중에 관찰하면서 각 종교에 대하여 호감이나 반감을 갖게 되는 것이고, 아무리 신자들이 열심히 선교해도 호감을 갖는 사람만이 입교한다고 생각한다. 반감을 갖는 사람은 신자들의 열성적인 선교를 단호히 뿌리치고 입교를 거부할 것이다. 그래서 사람들의 마음 안에 호감을 싹트게 하고 길러 주는 것이 선교의 가장 기본적이고 일차적인 전략이 되어야 한다. 당연히 호감을 싹트게 하고 길러 주는 행동은 일차적 선교 활동이다. 또한 어떤 종교에 대하여 반감을 싹트게 하고 길러 주는 행위는 교회를 크게 해치고 반선교적 행위라고 생각할 수밖에 없다.

통계청에서 최근에 밝힌, 지난 십년 동안의 종교 인구 변동을 보면서, 천주 교회에 대하여 더 많은 사람들이 호감을 가졌었다고 보아야 한다는 것을 전제로 삼겠다. 그래서 이 글의 초점은 한국에서 천주교에 대한 호감을 싹트게 하고 길러 주었던 요인들은 무엇인가 하는데 모아질 것입니다. 그러나 호감에 대하여 말하기 전에, 천주교 신자의 증가 수치와 그것에 대한 교회 측의 반응을 간단히 소개하겠다.

2. 천주교 신자 수치의 문제

2006년도 5월 25일 한국통계청에서는 '2005년도 인구 주택 총조사 전수 집계 결과'를 발표하였다. 통계청은 1995년도 천주교 신자 수가 2,951,000명이었는데 반하여 2005년 11월 1일 현재 5,146,000명이니 지난 10년 동안에 2,195,000명이 증가(74.4%)하였다고 하였다.

동시에 통계청은 1995년도 개신교 신자 수는 8,760,000명이었는데, 2005년 11월 1일 현재 8,616,000명이 되어서 지난 10년 동안에 144,000명이 감소(1.6%)하였다고 발표하였다.

이러한 수치는 본인이나 가구주가 종교 여부를 기입하는 것이므로 믿을 만하다고 볼 수 있다. 1995년도에는 인구조사표에는 개신교와 천주교를 고르도록 하였다가 2005년도에는 조금 달리 기독교(개신교)와 기독교(천주교)를 고르도록 조사표가 만들어졌지만, 모든 국민이 잘 했을 것으로 추정한다.

이런 인구조사 결과 발표와 관련하여 천주교에서는 크지는 않지만 그래도 이색적인 일이 하나 발생하였다. 교세 통계를 다루는 몇 사람이 모여서 그것에 관하여 토의하였고, 한국천주교 주교회의 산하 한국사목연구소 소장 배영호 신부의 명의로 설명서가 2006년 6월 12일에 발표되었다. 이런 설명서 발표가 이색적인 것이다. 그러나 이 설명서와 많은 신부들의 반응은 한마디로 지난 10년 동안에 한국 천주교 신자가 그렇게 많이 증가하지 않았으며, 통계청의 수치는 부풀려진 것이라는 것이다.

설명서 "2005년 한국 천주교회 통계를 발표하며"의 내용에서 이런 것을 발견할 수 있다.

통계청에서 발표한 "종교 인구" 부문은 한국 종교들의 비상한 관심을 끌었습니다. 금번 통계청 조사에 따르면, 천주교 인구는 2005년 11월 1일 현재 총인구 (내국인) 47,041,434명 가운데 5,146,147명으로 10.9%를 차지하였는데, 이것은 지난 1995년 조사의 천주교 인구 2,950,730명(총인구의 6.6%)에 비하여 74.4%가 증가한 수치입니다. 그런데 한국천주교중앙협의회에서 발표한

"2005년 한국 천주 교회 통계"에서는 2005년 12월 31일 현재 천주교 신자 수가 4,667,283명(총인구 대비 9.5%)인 것으로 나타났는데, 이것은 통계청 발표보다 약 48만 명이 적은 것입니다........

.....한국천주교회 통계는 각 성당에 있는 자료를 수집하고 세례를 받고 교적이 등재되어 있는 사람을 신자로 집계합니다. 그러므로 성당에 나가지만 아직 세례를 받지 않은 경우에는 신자로 집계되지 않습니다...... 통계청의 조사는 응답자의 자기 확인 방식에 따라 응답을 집계한 것입니다...... 세례를 준비 중인 예비신자, 아직 실천에 이르지 못하고 있지만 미래에 입교를 결심한 사람 등이 스스로 종교를 '천주교'라고 응답할 가능성이 있습니다....

.....통계청 조사 결과는 한국 천주 교회에 희망의 징표와 과제를 동시에 던져 주고 있습니다. 먼저 세례를 받은 신자는 물론이고 예비신자나 교회에 호감을 보이고 입교를 열망하지만 아직 세례를 준비하지 못하고 있는 다수의 사람들이 천주교 신자로서 자의식을 갖고 있다는 데 있습니다.... 한편으로 과제가 드러납니다. 스스로 천주교 신자로서 정체성을 표현한 사람이 514만 명에 이르지만. 실제 신앙생활은 그렇지 못하다는 데 문제가 있습니다....

.....최근 수년간 문제점으로 지적되어 온 냉담자 증가 문제, 성사 생활과 주일 미사 참석 등 일상적인 신앙생활의 침체 현상은 금년도 "한국 천주 교회 통계"에서도 다시 한 번 확인되었습니

다....

.....최근 각종 언론과 여론 조사 기관에서는 한국 천주교회에 대한 일반 국민의 긍정적인 인식이 여전히 유효한 것으로 보고하고 있습니다. 한국 사회의 민주화와 인권 증진에서 교회의 역할, 사회 봉사와 사회 복지 분야에서의 헌신, 타종교에 대한 개방성과 관용적 자세, 천주교 성직자들에 대한 신뢰도 등에서 한국 교회는 한국 사회 안에서 신뢰할 만한 종교로 자리 매김하고 있다는 것입니다....

...우리 교회는 이제 양적인 면에서만 아니라 질적인 면에서 더욱 주력해야 할 시기라는 것을 절감합니다. 교회의 선교와 사목은 복음적 이상과 본질에서 말미암은 것이지, 현대인들의 취향과 사고방식에 맞추어 복음을 축소하거나 세상과 타협함으로써 교회를 확장해 가는 일은 아니기 때문입니다...

...그 동안 한국 천주 교회의 수많은 성직자와 수도자, 평신도가 사회의 어두운 곳에서 소리 없이 세상의 빛과 소금의 역할을 다해 왔음을 우리는 알고 있습니다. 이분들의 헌신적인 사랑의 실천이야말로 한국 사회 안에서 천주교에 대한 긍정적인 평가를 이끌어내는 핵심 요소입니다. 이분들의 소박하고 힘 있는 삶은 우리 교회가 나아가야 할 방향을 알려 주고 있습니다. 그것은 세상의 그릇된 가치관과 물질주의에 맞서, 사랑을 바탕으로 한 나눔과 섬김을 끊임없이 실천하는 일입니다. '너희의 빛이 사람들 앞을 비추어 그들이 너희의 착한 행실을 보고 하늘에 계신

너희 아버지를 찬양하게 하여라.'(마태 5,16)

통계청 발표는 지난 10년 동안에 천주교 신자수가 74.4%나 증가하였다고 하였지만, 천주 교회에서는 1995년 말 현재 신자 수가 3,451,266명이었으며 2005년 말 현재 신자 수는 4,667,283명이었다고 파악하고 있기 때문에, 그 차이가 1,216,017명이며 세례 받은 신자는 35.2% 증가했다고 생각한다.

배영호 신부의 생각은 혼자만의 생각이 아니고, 한국 천주 교회의 과거와 현재를 어느 정도 알고 성찰하는 신부와 수녀, 그리고 평신도들이 모두 공유하는 생각이다. 천주 교회 안에는 통계청의 보고를 읽고 나서도 조금도 놀라고 흥분하는 기색이 없다. 우리가 알고 있는 사람들보다 더 많은 한국 사람들이 자신은 천주교 신자라고 주장하였다는 것을 긍정적으로 평가하지만, 현재에 대한 걱정도 많고 미래에 대한 전망이 그리 밝지만은 않다는 생각이 널리 공유되고 있다.

배영호 신부는 천주교에 대한 일반 국민의 긍정적인 인식을 만들어낸 요인으로 한국 사회의 민주화와 인권 증진에서의 교회의 역할, 사회 봉사와 사회 복지 분야에서의 헌신, 타종교에 대한 개방적이고 관용적인 자세, 천주교 성직자에 대한 신뢰도, 성직자 수도자와 평신도의 헌신적 사랑의 실천이라고 한다. 이처럼 천주교에서는 선교의 가장 중요한 방법은 일상적이고 헌신적이고 올바른 실천이라고 생각한다. 가정 방문 선교나 거리 선교의 방법도 무가치하다고 보는 것은 아니지만, 그보다도 일상적이고 장기적이며 올바른 실천이 더 중요한 것이고 그것이 사람들의 마음에 감동을 일으키며, 호감을 길러낸다고 생각한다.

3. 천주 교회에 대한 호감의 요인

교회에 대한 사람들의 호감을 여러 번 강조했는데, 이것은 기존 신자의 자부심을 키워 주며 떠나지 않고 교회 안에 계속 머물겠다는 결심을 강화한다고 본다. 또한 호감은 교회 밖에 있는 사람들이 교회로 오겠다는 결심을 하게 만들고 스스로 교회를 찾아오든지 누군가가 권할 때에 비교적 수월하게 응답하도록 준비시키는 중요한 요인이다.

미국의 유명한 종교사회학자 로드니 스타크(Rodney Stark)는 동료 존 로프랜드(John Lofland)와 로저 핀케(Roger Finke) 등과 함께 1960대 초부터 이화여자대학교 교수였던 김영온 박사가 샌프란시스코 근처에서 통일교를 선교하는 과정을 연구하며 개종에 대한 연구를 시작하였다. 그들은 개종의 핵심에는 애정(attachment)이 있으며 따라서 개종은 아무데로나 진행되는 것이 아니고 애정이 감도는 인간관계로써 형성된 사회적 연락망을 따라서 진행하는 것이라는 결론을 처음 발표하였다. 누구를 개종시키려면 그 사람과 애정이 감도는 인간관계를 발전시키라는 것이다. 최근의 책 『Acts of Faith』(2000년, 118쪽)에 따르면, 그들은 지난 30년 동안 25개의 실증적 연구들이 그들의 최초 이론을 지지했다고 한다.

김영온 박사는 미국에 가서 처음에는 어떤 단체에 가서 강연도 하고 신문과 라디오 광고도 하였으며, 대중 집회를 가지려고 큰 방을 전세내기도 하였다. 그러한 방법은 아무 소득이 없었다. 그런데 처음 개종자는 김영온 박사와 친분이 있던 친구들과 그들의 친척이었다. 추후의 개종자는 김박사가 만든 소집단의 회원들의 친구들이었다. 그래서 스타크(Stark)와 동료들은 기존 회원들과 깊은 애

정의 인간관계를 형성한 사람들만 개종한다는 것을 깨달았다. 그들은 또한 이것은 범죄 행위의 설명에도 이용되는 인간 행동의 통제 이론(control theory)의 응용이라는 것도 깨달았다.

많은 사람들이 통일교 회원들과 시간을 갖고 교리에 대하여 관심을 보이기도 했으나 가입하지 않았다. 그들은 통일교 회원이 아닌 다른 사람들과도 애정 깊은 인간관계를 가지고 있고 이들은 통일교를 인정하지 않았기 때문이다. 개종자는 자기 주변에 개종을 강하게 반대하는 친지가 없으면서 통일교 회원들과 깊은 관계를 형성하게 된 사람들 중에서 나온 것이다.

스타크는 알려지지도 못하고 사람들의 호감을 사지도 못하던 신흥 종교 집단에 가입하는 데는 친지들의 반대가 없어야 하고, 새 종교 집단 회원과의 애정 깊은 인간관계의 형성이 절대적으로 중요하다고 주장했다. 그는 신흥 종교 집단으로의 개종과 사회적으로 인정받은 종교에로의 개종은 약간 다르다고 보았다. 사회적 인정을 받지 못하는 종교로의 개종에는 친지들의 반대의 부재와 기존 신자와의 애정 깊은 인간관계 형성이 필수적 요인이라는 것이다.

한국 천주 교회처럼, 사회적으로 인정받는 교회로의 개종에도 친지들의 개종 반대 부재와 기존 신자와의 애정 깊은 인간관계 형성은 지금도 중요하다고 생각한다. 그러나 반대 부재와 애정적 인간관계의 비중은 약간 작아지고 호감의 비중이 더 커질 것 같다는 생각이 든다.

중앙일보 2006년 5월 26일자 기사를 보면, 서울대학교 종교학과의 김종서 교수가 '왜 천주교 신자가 많이 증가했다고 생각하느냐'는 기자의 질문을 받고, 한국 천주 교회가 젊은이들의 호감을 얻는 다섯 가지 이유를 들었다.

1) 교황청과 각 교구의 지휘를 받는 일사불란한 천주교회의 조직력과 결속력

2) 청렴성

3) 과거 군사 정권 시기에 인권 문제 등에 대하여 천주 교회가 조직적으로 저항해 정의 종교로 비친 것이 위상을 높이는 결정적 계기기 됐다.

4) 장례를 조직적으로 돕는 등 관혼상제 의례와 관련하여 유연하고 한국 사회에 뿌리 깊은 유교 문화에 대한 유연한 입장

5) 다른 종교에 대해서 열린 입장을 취하기 때문에 젊은 층으로부터 호감을 샀다.

이 다섯 가지는 1)번을 빼고는 배영호 신부가 말한 것과 거의 비슷하다. 나도 여기에 동의하기 때문에 아래에서는 각 항목에 대하여 살을 붙이면서 설명할 것이다. 각 항목에 대하여 천주 교회가 어떻게 하는지 설명할 것이다.

1) 천주 교회의 결속력

한국 천주 교회는 서울, 인천 의정부, 수원 등 15개 지역 교구로 나누어져 있고, 2005년 말 현재 신부는 외국인 16명을 포함해서 3,837명이고, 수녀는 외국인 175명을 포함해서 9,575명이며 신부가 상주하는 성당은 1,447개이다. 각 교구에는 교구장 주교가 있는데, 주교들은 한국 주교 회의를 구성하고 한국중앙협의회라는 사무국을 두고 있다. 주교들은 춘계와 추계 정기 총회를 열고 있으며, 많은 것을 공동으로 논의하고 결정하고 실천한다. 주교회의 산하에는 공동 관심사를 다루는 25개의 위원회가 있다. 이러한 주교 회의와

각종 위원회들은 한국 천주 교회의 단결력과 결집을 보여 준다.

통상적인 경우에는 천주 교회는 교구별로 움직인다. 교구가 가장 중요한 조직 단위라고 볼 수 있다. 전 세계에는 대략 5,000개의 교구가 있고, 교구장은 교황이 임명한다. 천주교 교회론에 의하면, 교황은 사도 베드로의 후계자이고, 주교는 다른 사도들의 후계자이다. 베드로가 사도이면서 동시에 다른 사도들의 지도자로 간주되듯이 교황도 주교이면서 동시에 다른 주교들의 지도자로 간주된다. 신부들은 주교의 협력자로 간주되고, 거의 모든 신부는 어떤 교구에 소속된다. 수도회 소속 신부들도 있지만, 어떤 지역에서 활동하려면 교구장의 허가를 받아야 한다.

신부들은 인사 이동 규정에 따라서 순환적으로 보직을 맡게 되며, 농촌과 도시 성당의 보직도 순환되고 그들의 인사 이동은 주로 교구 내에서만 이루어진다. 보통으로 거주지가 기준이 되지만, 신부를 지망하는 신학생의 소속은 입학 때부터 정해진다. 인사 이동 규정을 포함해서 교구의 모든 규정은 신부들과 필요한 경우에는 평신도의 의견을 들어 공동으로 결정된다.

각 교구에는 교구청이 있고 각종 활동의 전담 신부들과 직원들이 임명되어 각 성당에서 감당할 수 없는 여러 가지 일을 처리한다. 인천 교구를 예로 든다면, 인천 교구는 인천광역시, 부천시, 김포시와 시흥시를 포함하는데, 그 안에 102개의 성당이 있고, 교구청에 있는 9개의 부서는 각 성당을 돕기 위해서 다양한 활동을 전개한다. 각 성당에서도 항상 교육을 하지만 교구청의 사무국들은 전 교구 신자를 상대로 교육한다.

교구 공납금 제도에서 천주교의 결속력은 극명하게 드러난다. 인천 교구 내 102성당들은 수입의 측면에서 31등급으로 나누어지고,

수입금의 5~62%까지 교구 공납금을 납부한다. 교구 수입의 반은 신학 대학 유지와 교구청 유지에 쓰이고, 나머지 정도는 새로운 개발 지역에 새로운 성당 부지를 구입하는 데에 사용된다.

천주교의 결집과 단결은 신자 관리에서도 나타난다. 신자들은 이사하면, 먼저 다니던 성당에 가지 말고, 집에서 가장 가까운 성당에 다니도록 종용받는다. 주일학교에서나 입교 준비 과정에서 이사하면 교적을 옮기라는 교육을 받는다. 교적은 주민등록부와 비슷한 서류이다. 신부도 이동하고 신자들도 이사하여 살다가 다른 성당에서 또 다시 만나기도 하기 때문에, 천주교 신자들은 모든 성당이 자기네 성당이라는 느낌을 갖는다. 어느 성당에 정이 들었다 해도, 이사해서 멀어지면 다니기 어려워지고 그러다가 비와 눈이 오면 다니기를 중단할 수 있으니, 가장 가까운 성당에 가서 사람들을 사귀며 다니라고 권고한다. 그리고 주말 여행 중에는 가까운 성당에 가서 미사에 참여하라는 권고를 받는다.

2) 천주 교회의 청렴성

천주 교회에서는 신부들의 청렴한 생활과 청빈한 생활을 매우 중요시한다. 교구장은 신부들의 청렴한 생활과 청빈 생활에 대하여 항시 관찰하고 부족한 점이 있으면 지적하고 심각하면 조치를 취한다. 청렴성에 관련하여 문제가 발생하면, 신자들의 신뢰심에 중대한 손상이 발생하고 언론 매체에 오르내려 천주 교회의 명예와 이미지에도 엄청난 손실이 생긴다고 보기 때문이다. 물론 독신 생활을 하기 때문에 가능하기도 한 것이지만, 수녀들은 말할 것도 없고 신부들도 개인 재산을 갖지 않는다. 그리고 수녀회와 수도회는 회원인 수녀와 수사들의 생활비와 주거지, 노후 생활과 질병 치료를 책임지고, 또한 교구가 신부들의 생활비와 주거지, 노후 생활, 질병 치료를 모두 책임진다. 이러한 제도 때문에 신부와 수녀들은 주택을 소유하거나 재산을 모으는 일에 전혀 관심을 갖지 않고도 살아갈 수 있다.

신부와 수녀들의 훈련과 양성 과정과 생활에 있어서, 예수 그리스도를 철저하게 닮아야 한다는 점이 끝없이 강조된다. 신부들은 7개 신학 대학에서, 그리고 수녀들은 102개의 수녀회에서 교육을 받고 양성된다. 신학생들은 신학 대학에 입학하자마자 기숙사 생활을 하면서 공부와 더불어 영성 훈련에 들어간다. 영성 훈련에는 긴 시간이 필요하다는 확신 때문에, 사회에서 대학원을 마치고 들어온 학생도 기숙사에서 7년간 영성 훈련을 받는다. 가톨릭신학대학에는 거의 모든 교수 신부들과 영성 지도 신부들이 항상 학생들과 함께 기숙사에 상주하며 함께 기도하고 교육하고 지도한다.

종교사회학에서, 특히 종교 체험의 내용을 분석하고 연구하는 학자들은 종교 체험의 근저에는 성스러움과 속스러움의 체험이 동시에 있다고 주장한다. 하느님과 궁극적인 존재 자체는 물론 그와 가깝다고 간주되는 장소, 시간, 물건이나 사람들은 신앙인들에게 성스러움의 체험을 갖게 한다는 것이다. 천주 교회에서는 신부와 수녀 양성 과정에서 예수 그리스도를 철저하게 본받아 성인이 되어야 한다고 자주 강조한다. 물론 이러한 목표에 도달하는 사람은 극히 드물다. 그러나 사람들이 신부와 수녀를 만나면서 자기들과는 어딘지 좀 다르고 미미하나마 성스러움의 향기를 느끼게 할 수 있는 것은 대단히 중요하다고 보고 있다.

천주 교회는 각 성당의 수입과 지출을 투명하게 처리하는 일에 많은 신경을 쓰고 있다. 모든 성당의 주일 미사 중에 모아지는 헌금에 대하여는 신부가 일체 손을 대지 않고, 여러 명의 신자들이 공동으로 세어 장부에 기록하여 서명한다. 이런 방법으로 한 미사에서 들어온 헌금 액수가 얼마인지 공개하는 것이다. 모든 수입과 지출은 매달 교구청에 보고되고 주보에 공지된다. 각 성당에서는 언제나 관련된 부서 책임자 평신도들이 서명한 후 마지막으로 주임 신부가 서명해야 돈의 지출이 이루어진다.

성당에서는 신자들의 헌금액은 항상 비밀로 남겨 두고 절대로 공개하지 않는다. 신자들의 헌금액을 공개하여 경쟁을 시키거나 누구를 압박하는 것은 예수 그리스도의 정신에 부합하지 않는다고 생각한다. 각자가 자기 형편에 맞게 헌금하고 하느님과의 관계 안에서 결정하도록 허용한다. 신부들은 헌금을 많이 하면 하느님께서 복을 많이 주실 것이라는 말씀이 예수님의 말씀 안에 들어 있다고 믿지 않는다.

항상 신부들의 생활비와 활동비는 복무 연도에 준해서 일정하게 정해지고 성당 규모에 관계없이 어디에 임명되어도 규정에 따라서 동일하게 지급된다. 그리고 연도별 생활비와 활동비 차이는 미미하다. 어떤 경우에 신부가 사회 복지 기관이나 학교나 병원에서 근무하면 봉급이 많아질 수 있으나 그 돈은 모두 교구 재정으로 들어가고 신부는 교구 규정에 따라서 생활비와 활동비를 지급받는다. 신부들은 생활비와 활동비에 대하여 소득세법에 따라서 소득세를 납부한다.

3) 천주 교회의 정의와 인권 활동

천주 교회의 정의와 인권 활동은 예언직 활동이라고 불리기도 하는데 가톨릭 사회 교리에 근거한다. 사회 교리는 1891년 레오 13

세 교황의 사회 회칙 '새로운 사태'가 발표되면서 발전하고 체계화 되기 시작했다. 이것은 성경과 전래된 신학과 다양한 인문 사회 과 학, 역사적 현실에 대한 관찰과 이성적 판단에 근거해서 형성되고, 신자들에게 사회 문제에 대한 판단 기준과 행동 지침을 제공한다. 이것은 다양한 사회 문제의 해결을 통해 정의롭고 인간다운 사회 건설을 목표로 삼는다. 천주 교회는 선교와 복음화 활동을 교회의 가장 기본이 되는 사명으로 보는 동시에 사회 교리에 따른 정의 활동을 선교와 복음화 활동의 필수적인 부분으로 간주한다. 따라서 정의 활동을 복음화 활동의 일부로 간주하는 만큼 정의 활동은 교 회가 조금도 등한히 할 수 없는 활동으로 파악된다.

우리나라에서 천주 교회의 정의 활동은 1960년대 초에 프랑스에 서 도입된 가톨릭 노동 청년 운동으로부터 시작되었다. 이 운동은 우리나라의 산업화로 인해서 증가하는 가톨릭 신자 노동 청년들을 지도하고 교육해서 신앙생활을 잘 하고, 자기들의 권리를 찾아갈 수 있도록 이끌어 가는데 목적이 있다. 1968년 강화도 한 직물공장 에서 가톨릭 노동 청년들의 노동 운동을 금지하고 경찰이 개입하 여 불순 운동으로 매도하면서 다른 주교와 신부들이 관심을 보이 고 청년회를 지원하자 가톨릭 교회와 국가의 갈등이 시작되었다. 1972년 유신 헌법이 제정되면서 천주 교회의 정의 활동은 더욱 강 력해졌고, 1987년 개헌이 확정될 때까지 정부와 천주 교회의 갈등 은 계속되었다.

천주 교회의 정의 활동이 외부 인사들에게는 일사불란한 것으로 보였던 것 같지만 내부적으로 갈등도 있었고 일부의 반대가 없던 것은 아니다. 반대론자들은 정의 활동이 선교에 해롭고 입교자를 감소시킨다는 주장을 서슴지 않았다. 정의 활동에 참여한 이들도 입교자를 증가시키기 위해서 한 것은 아니었고 그것을 예상하지 않았다. 현시점에서 볼 때에 입교자의 증가는 정의 활동의 사회학에서 말하는 의도되지 않은 결과이다.

천주 교회의 정의 활동은 가톨릭 신자 증가에 실질적인 효과를 가져왔다고 보인다. 이것은 천주 교회 내에서 이미 1990년대 초에 인식되었다. 38쪽의 '1970년- 2005년 천주교 신자 통계'를 보면, 그것이 드러난다. 네 번째 기둥에서 연도별 증가율이 보이는데, 증가율이 1976년의 3.9%에서 약간씩 증가하고, 1981년에는 최고 수준인 9%까지 올라가고, 1980년대의 증가율이 높게 유지되다가 다시 떨어지기 시작하여 1994년에는 옛날 수준으로 내려갔다. 1996부터는 그 효과가 없어진 것처럼 보이기도 한다.

여기서는 증거가 제시되지 않았지만, 교구별 비교 자료들은 정의 활동이 신자 증가를 가져왔다는 결론을 좀 더 보강해 주고 있다. 전국 15개 교구들이 같은 강도로 정의 활동을 한 것이 아니고 약간의 차이가 있었다. 신부들의 정의 활동이 격려된 교구도 있던 반면에, 교구장의 의해서 약간 억제된 교구도 있었다. 여러 교구들을 비교해 보았더니, 정의 활동이 격려된 교구에서는 억제된 교구에서보다 신자 증가율이 높았다는 증거들이 있다. 그러나 그 때의 천주교 정의 활동이 지금도 신자 증가율에 효과를 내는 것인지는 확실하지 않다.

연도	한국천주교중앙협의회			연도별 신자증가율	5년 간격	10년 간격
	인구수	인구대비	신자수			
1970	32,240,827	2.4%	788,082			
1971	32,882,704	2.4%	790,367	0.3%		
1972	33,505,406	2.4%	803,620	1.7%		
1973	34,103,149	2.8%	953,799	18.7%		
1974	34,692,266	2.9%	1,012,209	6.1%		
1975	35,280,725	3.0%	1,052,691	4.0%	33.6%	
1976	35,848,523	3.1%	1,093,829	3.9%		
1977	36,411,795	3.2%	1,144,224	4.6%		
1978	36,969,185	3.2%	1,189,863	4.0%		
1979	37,534,236	3.3%	1,246,268	4.7%		
1980	38,123,775	3.5%	1,321,293	6.0%	25.5%	67.7%
1981	38,723,248	3.7%	1,439,778	9.0%		
1982	39,326,352	4.0%	1,578,017	9.6%		
1983	39,901,403	4.3%	1,711,367	8.5%		
1984	40,405,956	4.6%	1,848,467	8.0%		
1985	40,805,744	4.9%	1,995,905	8.0%	51.1%	
1986	41,213,674	5.2%	2,148,607	7.7%		
1987	41,621,690	5.6%	2,312,328	7.6%		
1988	42,031,247	5.9%	2,468,082	6.7%		
1989	42,449,038	6.2%	2,613,267	5.9%		
1990	42,869,283	6.4%	2,750,607	5.3%	37.8%	108.2%
1991	43,295,704	6.8%	2,923,386	6.3%		
1992	43,747,962	7.0%	3,066,733	4.9%		
1993	44,194,628	7.3%	3,209,494	4.7%		
1994	44,641,540	7.5%	3,338,918	4.0%		
1995	45,092,991	7.7%	3,451,266	3.4%	25.5%	
1996	45,524,681	7.8%	3,562,766	3.2%		
1997	45,953,580	8.0%	3,676,211	3.2%		
1998	46,286,503	8.2%	3,804,094	3.5%		
1999	46,616,677	8.5%	3,946,844	3.8%		
2000	47,008,111	8.7%	4,071,560	3.2%	18.0%	48.0%
2001	47,342,828	8.9%	4,228,488	3.9%		
2002	48,517,871	9.0%	4,347,605	2.8%		
2003	48,386,823	9.2%	4,430,791	1.9%		
2004	49,052,988	9.3%	4,537,844	2.4%		
2005	49,267,751	9.5%	4,667,283	2.9%	14.6%	

1970년-2005년 천주교 신자 통계　　　1970년 대비 2005년 신자 증가율 492.2%

4) 조상 제사와 장례 예식에 대한 유연한 태도

1715년 전부터 중국에 와 있던 천주교 선교사들 사이에서는 조상 제사가 논쟁의 대상이 되었다. 유학자들을 주로 상대하는 선교사들은 조상 제사의 근본 목적은 신령 흠향에 있지 않고, 돌아가신 부모에 대한 자손의 추모와 섬김에 있다고 보았다. 그러나 서민을 주로 상대하던 선교사들은 조상 제사에서 죽은 이에게 술과 음식을 올리는 것은 악마를 섬기는 미신 행위라고 보았다.

교황 베네딕토 14세는 후자들의 의견이 사실에 더 맞는 것으로 인정하여, 1742년에 유교적 조상 제사를 금지하는 교서를 발표하였고, 중국 천주 교회가 이를 받아들이자 중국 정부는 즉시 천주교 신자들에 대한 박해를 시작하였다.

조선에서는 1784년에 이승훈이 북경에서 세례를 받고 첫 신자가 되었고, 국내에서도 세례 받은 신자들이 증가했지만, 조상 제사 금지령이 1790년에 가서야 확실히 알려졌다. 이 금지령에 따라서 전라도 진산에 살던 윤지충이 1791년 5월에 돌아가신 어머니를 위한 장례는 정성껏 치렀으나 신주를 세우지 않고 제사도 지내지 않았다. 이것이 천주교인의 첫 제사 거부 행위였는데, 그 행위가 관가에 알려지면서 즉시 윤지충은 처형되고, 100년간의 천주교 박해가 시작되어 1886년까지 1만여 명의 순교자가 배출되었다.

1925년 『한국 천주교 요리(要理)』란 책에서도 제사를 십계명의 제 1계명을 거스르는 이단 행위로 규정하고, 제사에 참여하는 것, 제사 장소에서 음식을 먹는 것, 제사를 도와주는 것, 제사에 사용되는 물건을 빌려 주거나 만들어 주는 것, 향교나 사당을 짓는 것, 시신에게 절하는 행위 등이 금지되었다.

그러나 유럽에서는 역사와 문화에 대한 연구가 발전하여 유럽

밖에 사는 여러 민족 문화 유산에 대한 서구인들의 이해와 통찰이 변화하였고, 교회 안에서는 식민주의적 선교 방법에 관한 반성이 이루어졌으며, 동시에 합리성을 추구하는 현대의 사조에 따라서 각 문화 유산에서 미신적 요소가 감소했다고 파악되었다. 이와 같은 새로운 인식과 재평가의 덕택으로 1935년 교황 비오 11세는 공자 존경 의식을 허용했고, 1936년에는 일본의 신사참배도 허용했으며, 1939년에는 유교식 조상 제사에 대하여는 상당히 관용적 조치를 취하였다. 시체나 죽은 이의 사진, 그리고 단순한 이름이 기록된 패 앞에서 존경의 의식을 허용하였다.

그래도 조상 제사에 대한 질문이 계속되자, 1958년 한국 천주교 주교단은 제례와 상례에 대한 일반적인 원칙뿐 아니라, 형용되거나 금지되는 구체적 의식의 목록을 제시하였다. 허용되는 의식은 시체나 사진, 죽은 이의 이름이 적힌 위패 앞에서 절하고 향을 피우고 음식을 차려 놓는 행위이고, 금지되는 행위는 제사에 있어서는 합문(闔門:신명께 고하는 축문과 제물을 물리기 전에 문을 닫거나 병풍으로 가리는 행위)이고, 장례에 있어서는 고복(皐復:혼을 다시 불러드리는 행위)과 사자밥(使者밥: 죽은 이의 혼을 고이 모시고 저승으로 가라고 차려 놓는 밥이나 신발), 그리고 반함(飯哈: 죽은 이의 입에 쌀이나 구슬이나 동전을 넣는 행위)이다. 조상 제사 의식을 하면서 미신 행위를 피하게 하는 이 지침은 지금도 철저히 지켜지고 있다.

시대가 변하면서 요즘에는 기일이나 추석과 설 같은 명절에 음식을 상에 차려 놓고 절하는 차례를 지내지 않고 성당에서 바쳐지는 미사에 참여하는 것으로 차례를 대신하는 천주교인 가정들이 많이 증가한다고 보인다.

한국 천주 교회에는 다른 나라에 없는 독특한 장례 문화가 있고 이 문화는 유교 문화에 젖어 있는 많은 한국 사람들에게 깊은 감명을 주고 천주 교회로 입교하겠다고 결심하는데 중요한 계기가 되고 있다. 모든 성당에는 초상을 당해서 당황하는 유가족을 정성껏 돕는 연령회가 조직되어 있다. 초상을 당한 상주는 연령회장에게 연락하여 도움을 청한다. 그는 다른 회원들의 도움을 받아가며 염습(殮襲), 입관, 출관 예절, 장례 미사, 장지 수행을 담당한다. 연령회는 유족에게서 금전을 받는 일을 절대로 삼가고 있고, 필요한 경비는 성당에서 지급받는다. 모든 성당에는 선교와 봉사를 목적으로 하는 '레지오 마리애'가 조직되어 있는데, 초상이 나면 이들에게 초상 사실이 비상연락망 통해서 통보되고, 초상 통보를 받은 그들은 정해진 시간에 빈소를 찾아와서 연도를 바친다. 연도란 구약 성경의 시편 몇 편을 구성진 가락에 맞추어 바치는 30분 정도의 죽은 이를 위한 기도이다.

5) 타종교에 대한 열린 태도

개신교와 정교회는 물론이고 힌두교와 불교, 그리고 기타 종교에 대한 천주 교회의 입장과 태도는 1962~1965년에 열렸던 제 2차 바티칸 공의회에서 정리되고 획기적으로 변하였다. 이 회의에는 한국의 주교들도 처음으로 참여했다. 공의회는 교황이 소집하며, 신앙, 윤리, 규범 등 종교적인 문제를 다루는 세계 주교 회의인데, 천주 교회의 역사상 21번의 공의회의가 열렸다. 공의회에서는 교황이 의장이 되며, 그는 주교들과 마찬가지로 발언권과 한 표의 투표권을 가진다. 모든 문서들은 주교들의 압도적인 찬성표를 통해서 채택되고 교황의 인준과 공표를 통해서 효력을 갖는다. 신학자들은 자기의 주교를 보조하고 자문 역할만 담당한다. 제 2차 바티칸 공의회에서 여러 가지 문제가 토의되어서 16개의 문서가 발표되었는데, 그 중에는 '교회 헌장', '일치 운동 교령'과 '비그리스도교에 관한 선언'이 있고 그 문서들이 타종교에 대한 천주 교회의 입장과 태도를 담고 있다.

천주 교회에서는 개신교와 정교회를 함께 부를 때에는 "갈라진 교회"라고 한다. 갈라진 교회에 대한 가장 중요한 구절은 다음의 것이데, 그것은 갈라진 교회들이 구원을 위해서 중대한 의미를 갖고 구원의 방법이라고 말한다.

"그러므로 갈라진 교회와 단체들이 비록 결함은 있겠지만 구원의 신비에 있어서 절대로 무의미하거나 무가치한 것은 아니다. 그리스도의 성령이 그 교회와 단체들을 구원의 방법으로 사용하시기를 거절치 않으신다."(일치 운동 교령 3항)

가톨릭 교회 밖에는 구원이 없다는 입장에서 교회 밖에도 구원이 있고, 갈라진 교회를 통해서도 구원을 얻을 수 있다는 입장으로 변한 것이다.

같은 교령은 이러한 결론을 내리기 위해서 두 가지 이유를 들고 있다. 첫째로 교회를 건설하는 중요한 요소들이 가톨릭 교회의 울타리 밖에도 있다는 것이다. 그것은 그리스도에게서 오는 보화인 기록된 하느님의 말씀, 은총의 생명, 믿음, 바람, 사랑 등이다.(일치 운동 교령 3항) 둘째로는 그리스도교적 거룩한 행위가 갈라진 형제들 가운데서도 이루어진다는 것이다. 그것은 말씀의 설교, 세례와 성찬 등 기타 성사 행위이다.

천주 교회가 갈라진 교회에 대하여 열린 태도를 갖게 된 것은 근래의 일이다. 1864년까지만 해도 교황청은 동방의 정교회를 그리스도교의 단일성을 파괴한 열교로 묘사했고, 영국의 성공회를 비롯하여 개신 교회들을 잘못된 교리를 가르치는 이단으로 규정하였다. 그러나 1895년 레오 13세 교황의 문서에서부터 열교와 이단이란 말 대신에 "갈라진 교회"가 사용되기 시작했고, 갈라진 형제들과의 화해를 위한 일치 기도가 도입되었다. 그 후로 갈라진 교회에 대한 긍정적인 인식이 증가하였다.

천주 교회는 1930~40년대까지도 그리스도를 믿지 않는 타종교에 대하여 지극히 편협하고 독선적이며 배타적인 자세를 견지해 왔다. 제국주의적인 자세로 타종교인을 선교의 대상으로만 생각해 왔고 비그리스교인들을 처음부터 과실을 지닌 사람들로 간주하는 자세가 지배적이었다.

제 2차 바티칸 공의회에서 나타난 비그리스도교에 대한 천주 교회의 생각은 참으로 획기적이라고 보아야 한다. 그러한 변화는 코페르니쿠스적 전환으로 비유된다. 이러한 변화에는 칼 라너의 "익명의 그리스도인" 이론이 결정적인 영향을 미쳤다고 보인다. 천주 교회는 처음으로 비그리스도교 전통들의 의미와 가치를 깊게 성찰하고 공식적으로 인정했다. 그러한 전통이 그 전통을 따르는 사람들을 위해 구원의 수단이 된다는 식의 직접적인 표현을 하지 않지만, 그 전통이 그것을 따르는 사람들에게 그리스도적 구원이 가능할 것이라는 신학적인 입장을 신중하게 표현한다.

'교회 헌장'의 16항은 유대교인, 이슬람교인, 힌두교와 불교와 기타 종교인, 심지어 무신론자를 생각하면서 천주 교회의 가장 기본적인 입장을 표현한다.

아직 복음을 받아들이지 못한 사람들도 여러 가지 이유로 하

느님의 백성과 관련되어 있다. 우선 계약과 언약을 받는 백성이
그렇다. 그 백성 중에서 그리스도 육신으로 태어나셨으니 그 백
성은 선택에 있어서 조상들 덕분에 하느님의 사랑을 받는 백성
이다. 선물과 선택은 변경되는 일이 없기 때문이다.(유대교인)
그러나 구원 계획은 창조주를 인정하는 모든 사람도 포함하는
것이며, 그 중에는 회교도들도 포함되어 있으니 그들은 아브라
함의 신앙을 보존한다고 주장하며, 마지막 날에 사람들을 심판
하실 자비로우신 유일신을 우리와 함께 흠숭하고 있다.(이슬람
교인) 또 모르는 신을 영상 속에서 찾고 있는 사람들에게도 하
느님은 결코 멀리 계시지 않으니, 하느님은 모든 사람에게 생명
과 호흡과 모든 것을 주시니 구세주는 모든 사람이 구원되기를
원하시는 것이다. 사실 자기 탓 없이 그리스도의 복음과 교회를
알지 못하지만, 성실한 마음으로 하느님을 찾으며 양심의 명령
으로 알려진 하느님의 뜻을 은총의 힘으로 실천하려고 노력하는
사람은 영원한 구원을 얻을 수 있는 것이다.(힌두교인, 불교인,
기타 종교인) 또한 자기의 탓 없이 하느님을 아직 명백히 인정
하지 못할지라도, 하느님의 은총으로 올바로 살아보려고 노력하
는 사람에게는 하느님의 섭리가 구원에 필요한 도움을 거절치
않으신다.(무신론자) 사실 그들한테서 발견되는 좋은 것, 참된
것은 무엇이든지 다 복음을 받아들이기 위한 준비로서, 결국은
모든 사람이 생명을 얻도록 비추시는 하느님으로부터 주어진 것
이라고 교회는 생각하고 있다.(교회 헌장 16항)

'비그리스도교에 관한 선언'은 힌두교, 불교와 기타 종교에 대하
여 좀 더 구체적인 언급과 권고를 하고 있다.

가톨릭 교회는 이들 종교에서 발견되는 옳고 성스러운 것은 아무것도 배척하지 않는다. 그들의 생활과 행동 양식뿐 아니라 그들의 규율과 교리도 거짓 없는 존경으로 살펴본다. 그것이 비록 가톨릭 교회에서 주장하고 가르치는 것과는 여러 면에서 서로 다르다 해도 모든 사람을 비추는 참 진리를 반영하는 일도 드물지 않다.... 그러므로 교회는 다른 종교의 신봉자들과 더불어 지혜와 사랑으로 서로 대화하고 서로 협조하면서 그리스도교적 신앙과 생활을 증언하는 한편, 그들 안에서 발견되는 정신적 내지 윤리적 선과 사회적 내지 문화적 가치를 긍정하고 지키며 발전시키기를 모든 자녀들에게 권고하는 바이다.(비그리스도교에 관한 선언, 2항)

그리스도를 믿지 않는 종교에도 옳고 성스러운 것이 있으며, 그들의 생활과 행동 양식은 "모든 사람을 비추는 참 진리를 반영하는 것이 드물지 않다"는 언급은 매우 중요한 것이다.

4. 나가는 말

이상 다섯 가지 실천은 성경의 가르침과 예수님의 가르침에 충실하려는 데서 출현한 것이다. 지난 15년 동안 인천에서 주임 신부 생활과 시민 운동을 하면서 들은 개신교인, 불교인, 무종교인과 천주교인들의 말을 종합해 볼 때에 이상의 다섯 가지 실천은 분명히 천주 교회에 대한 많은 사람들의 호감을 길러 주었다고 생각한다.

한국 천주 교회의 이러한 실천은 천주교 신자가 아닌 이들에게 점차로 알려졌고, 그들이 호감을 갖게 된 결과로 지난 10년간 가톨릭 신자가 괄목할 만하게 증가했다고 생각한다.

3

목회사회학적 관점에서 보는
한국 교회 마이너스 성장에 대한
원인 분석과 대안[1)

조성돈(목회사회학연구소 소장
실천신학대학원대학교 교수)

최근 이루어지고 있는 한국 사회에서 개신교의 성장 둔화 내지
는 마이너스 성장은 많은 사람들에게 생각의 단초를 주고 있다. 특
히 2006년 6월에 통계청에서 나온 '2005 인구 주택 총조사
(Census)'에서 따른 심각한 결과들은 우리들에게 논의의 불을 붙였
다. 이러한 상황에서 사람들은 자신의 관점에서 이에 대한 나름대
로의 분석을 시도하고 있고 그 원인과 대안을 제시하고 있다. 여기
서 각자의 관점은 나름대로 일관성을 가진 것이기도 하고, 때로는
경험적으로 볼 때 여러 생각들의 파편들이기도 하다. 하지만 중요
한 것은 사람들 각자의 생각과 관점들이 나름대로 확고하기도 하
고 나름대로 체계가 서면서 각자의 편견이 되고 있는 경향이 나타
나고 있다. 이것은 오늘날 한국 교회에서 객관적이고 과학적인 분
석을 저해하는 원인이 되고 있다. 물론 교회라는 신적 기관에 대한
객관이나 과학이라는 척도는 불경한 것으로 이해될 수도 있겠지만
그래도 이러한 아픔이 경험되어지지 않고는 이 한국 교회의 위기
적 상황을 타계해 나갈 수 있는 물꼬를 틀 수 없을 것이라고 생각

---

1) 이 글은 10월 24일에 총신대학교 대학원에서 주최한 <한국 교회 마이너스 성
   장에 대한 원인 분석과 대안> 심포지엄에서 발표한 논문임.

되어지기 때문에 목회사회학이라는 저자의 관점에서 일견해 보려 한다. 그럼에도 불구하고 본고와 같은 경우도 이러한 문제에 대한 학문적 축적이 아직 미천하고 경험되어진 현 사회를 두고 나오는 견해이기 때문에 이론적 일관성과 경험적 파편들이 함께 가게 될 것이라는 생각을 해 보게 된다.

1. 목회사회학적 관점

1) 목회사회학이란?

1960년대 후반부터 독일 개신교 신학에서는 행동 과학(Handlungs-wissenschaft)이라는 관점에서 신학의 실천, 즉 프락시스(Praxis)에 대한 관심이 일어나게 되면서 인접 학문들이 유입되기 시작하였다. 예를 들어서 심리학이나 교육학, 상담학 등이 이 당시에 유입된 대표적인 인접 학문인데 이 가운데서 사회학 역시 중요한 부분으로 자리를 잡게 되었다. 이러한 사회학의 도입은 학문의 대상으로서의 현장에 대한 성찰을 불러왔고, 제도화된 종교적 실제로서의 교회의 틀을 넘어 사회 안에서 보여 지고 있는 종교적 실제로서의 기독교와 그 현장을 학문의 대상으로 삼아 그 프락시스의 범위를 넓혔다고 할 수 있다. 이러한 현장에 대한 성찰에 있어서 사회학의 도움은 신학적인 관점에서 뿐만 아니라 사회과학적인 관점에서 이 사회를 바로 보고, 해석하며 일반 목회자들이 그것을 어떻게 바라볼 수 있을 것인가에 대한 도움을 주고 있다고 할 수 있다. 목회사회학은 바로 이와 같은 사회학의 도움으로 목회자들로 하여금 바른 사회관을 갖고, 그 사회 속에서 교회의 모습을 객관적으로 바라볼 수 있도록 돕고자 한다. 더 나아가 이 사회 속에 그들의 삶의 터전을 가지고 있는 성도들의 삶을 그들의 현장에서 밝혀 보고 그들을 이해할 수 있도록 돕는 학문이기도 하다.[2]

목회사회학이 일반적인 종교사회학과 다른 점은 후자가 사회학의 하위 분야로서 종교를 통해 사회를 보고자 하고, 그 때문에 객관성에 무게를 둔다면 전자는 실천 신학의 하위 분야로서 객관성이 아니라 신학적 해석을 더불어 하고 있다는 것이다. 물론 이러한 차이점에도 불구하고 종교사회학의 방법론, 특별히 사회 속에서의 종교의 형태 및 사람들의 종교성을 탐구해 가는 과정들은 목회사회학에 많은 유용점을 주고 있다. 특히 현대와 같이 다양화된 사회 속에서 인간의 종교성을 추적하고 그들의 종교적 표현 양식들을 찾아가는 것은 목회사회학에 많은 도움을 주고 있다고 할 수 있다.

2) 목회사회학 방법론

금번 주제와 관련하여 목회사회학적 방법론을 이야기한다면 기독교의 사회적 형태에 대한 관찰이라고 할 수 있다. 기독교의 조직적 형태인 교회만을 이야기하는 것이 아니라 생활 세계에서의 기독교, 단순한 사회 시스템 속에서의 기독교, 사회적 시스템의 영역에서의 기독교, 또는 개인주의화 된 기독교의 사회적 형태를 관찰함으로 생활 종교로서의 기독교의 형태를 살펴보고 이 사회 속에서의 기독교의 모습을 살펴보고자 하는 것이다.[3] 이러한 관찰이 필요한 것은 교회의 주관적 자이해로서의 모습이 그 객관성을 잃

---

2) 조성돈, 『목회사회학. 현대 사회 속의 기독 교회와 생활 신앙』(서울: 토라 2004) 21f.
3) 같은 책 4장.

음으로 말미암아 이 사회 속에서 기독교의 자리를 제대로 파악하지 못하는 누를 우리가 지금까지 많이 행해 왔기 때문이다. 우리의 주관성이 아니라 이 사회가 교회를 어떻게 이해하고 있고, 이미지화 하고 있는가를 살피는 것은 우리가 선교적 과제를 어떠한 방향으로 설정하고 행할 것인가에 대한 중요한 시금석이 될 것이다.

종교를 선택하고 귀의하는데 있어서 보통의 사람들은 그들이 가지고 있는 이미지에 많이 좌우될 수밖에 없다. 일반적으로 사람들이 종교를 경험하게 되는 것은 그 종교의 교리나 본질에 관한 것들이 아니라 그 종교에 소속된 사람들을 통해서 그 종교를 경험하는 것이기 때문이다. 즉 그 종교에 소속된 주위의 사람들이나 그 사회에 속한 종교 단체의 행동이나 형태를 통해서 사람들은 그 종교를 경험하게 된다는 것이다. 특별히 다원화된 현대 사회에서는 미디어나 언론의 영향으로 사람들은 본질보다는 이미지로 대상에 접근하게 된다. 그 이미지는 그 대상을 단순하게, 또는 선정적으로 묘사하는 경향이 있는데 그것은 종종 사람들에게 본질이 호도된 이미지를 전달하기도 한다. 교회는 우리가 느끼고 있듯이 이러한 이미지 만들기에 있어서 그리 호의적 반응을 얻지 못하고 있다. 그렇다고 그 문제에 교회가 본질의 회피라고만 하기에는 이 한국 사회에서 교회의 이미지는 심각한 상태이고, 그것은 선교적 차원의 문제로까지 나타나고 있다. 따라서 이러한 사회적 이해나 이미지의 파악은 한국 교회의 방향 설정에 중요한 부분이 되어야 할 것으로 믿는다.

2. 한국 교회의 위기와 진단

현재 한국 교회가 표면적으로 드러난 교인수의 감소로 위기의식을 갖고 있다. 과연 이러한 교인수의 감소를 어떻게 보아야 할 것인지에 대해서 여러 학자들이 의식을 가지고 관찰하고 있고, 나름의 진단을 내리고 있다. 특히 종교사회학적인 접근에서 몇 가지 관점이 나타나고 있는데 살펴보고자 한다.

1) 종교 이후기

개신교의 교인수가 줄어들고 있는 것은 벌써 상당히 이전부터 대다수 개신교 지도자들이나 구성원들에게 있어서 공공연한 사실이었다. 이렇게 신자수가 줄어들고 있는 상황에 대해서 사람들은 여러 가지 생각을 해 보았고, 이것에 대한 반성의 빌미를 생각해 왔었다. 그 중에 하나가 이러한 일이 단순히 개신교의 문제가 아니라 현대 사회로 들어오면서 종교 인구의 감소로 인한 것으로 이해를 하는 것이다. 이러한 일반화된 시각은 바로 종교사회학에서 '종교 이후기'라는 테제로 나타난다. 이러한 테제는 세속화 이론에 그 근거를 두고 있는데, 이는 종교사회학의 시조라고 할 수 있는 뒤르켐(Durkheim)이나 베버(Weber)에 의해서 벌써 논의가 시작되었다고 볼 수 있다. 그 둘은 모두 산업화된 사회 속에서 종교가 할 수 있는 역할들이 줄어들고 있음에 주목하며 이 사회가 세속화되었다고 강조하고 있다. 특히 베버는 '세상의 탈주술화(disenchantment of the world)'를 이야기하며 개인적·사회적 합리화의 증대로 인해서 전통 종교의 사회적 역할들이 크게 줄어들고, 종교는 사사화의 경향을 갖게 될 것으로 보았다.

이후에도 세속화 이론은 종교사회학자 도블레어(Dobbelaere)나 윌슨(Wilson) 등으로 이어져서 현대 사회 속에서 종교가 어떻게 그 영향력을 잃어가고 있는지 적나라하게 밝히고 있다. 특히 윌슨은 종교를 쇼핑센터의 진열대 위에 놓여 있는 상품처럼 사람들이 그 기호에 따라서 선택할 수 있는 것으로까지 평가절하하고 있다.4) 이러한 상황에서 종교가 가지고 있는 그 특유의 상징성과 초월성은 이 현대 사회 속에서 설 자리를 잃게 되었고, 현대 사회의 합리성에 그 자리를 내어 주게 되었다는 것이다. 이러한 이론은 실제적으로 유럽에서 종교 인구의 감소를 통해 실증적으로 증명이 되는 것으로 보였다. 좀 더 실제적으로 유럽 교회에서 예배 인원의 감소는 심각하게 드러났고, 이미 알려져 있는 바와 같이 전통적 교회에 참석 인원이 적어 교회가 다른 용도로 팔려 나가고 있는 것이 현실이다. 독일의 대표적인 공적 교회인 루터 교회의 경우도 재적인원 2000~3000명씩 되는 교구 교회에 주일이면 30~50명 정도가 모이고 있으니 이러한 가설이 옳다고 보여지고 있다.

그러나 최근의 종교사회학계에서는 이러한 세속화 이론에 근거한 '종교 이후기'라는 테제가 잘못된 이해에 근거되어졌다는 것이 주장되고 있다. 그 대표적인 입장이 '탈세속화론'이라고 할 수 있다. 탈세속화론의 기본적인 입장은 현재의 현상이 종교의 형태적 변화가 일어난 것이지 종교 자체의 도태나 소멸로 볼 수 없다는 것이다. 즉 주일에 전통 교회에 모이는 사람들은 줄어든 것이 사실이지만 그렇다고 그것이 그 사회의 종교 인구의 감소로 볼 수 있는 것은 아니라는 것이다. 이것을 목회사회학에서는 종교사회학과

---

4) Wilson, Brian, 『Comtemporary Transformations of Religion』(Oxford: Oxford Univ. Press 1976) 277.

교회사회학의 구분점으로 보고 있는데 교회사회학에서는 교회에 참석 인원이 줄어드니 당연히 세속화로 볼 수밖에 없지만 종교사회학의 관점에서 보면 사회 전체가 세속화된 것으로 볼 수는 없다는 것이다. 이것을 다른 말로 하면 예배 참석 인원이 줄어든 것은 비교회화(entkirchlicht)된 것이지 그것이 비기독교화(entchristlicht)되거나 반종교화(relgionslos)된 것은 아니라는 것이다.5) 실제적으로 독일이라는 대표적인 유럽의 전통 국가에서는 전체적인 종교 인구가 줄어든 것은 아니라고 보고 있다. 많은 사람들이 기독교를 떠나 뉴 에이지 운동이나 신흥 종교, 또는 동양의 신비 종교에 많이들 귀의하고 있고, 이슬람의 성장 역시 적지 않은 영향을 끼치고 있다. 또 적지 않은 사람들이 교회의 조직 자체에 대한 반감으로 교회의 모임보다는 개인적인 신앙생활에 치중하기도 하고 목사 중심의 예배보다는 평신도 중심의 교회적 활동에만 참여하기도 한다. 또 다른 모습으로 전통 종교의 역할을 했던 루터 교회보다는 복음적인 방향성을 가지고 있는 자유 교회(Freikirche)에 많이 참석하고 있는 경향이다. 이것은 종교 인구가 곧바로 기독교인이었던 서구 사회에서는 상당히 낯선 현상이었다. 그렇기 때문에 최근까지 세속화와 종교 이후기라는 테제로 설명되었던 교인 감소에 대한 설명이 대세를 이루었으나 최근에 이르러 이러한 주장에 대한 새로운 성찰이 이루어지고 있다.

현재 한국 교회에서도 이러한 관점이 비슷하게 자리를 하고 있다. 서구 사회의 뒤를 따라 후발 국가로서 산업화와 현대화의 과정을 비슷하게 겪고 있는 우리 사회에서도 서구 교회가 걷는 것과

---

5) Daiber, Karl-Fritz, 『Pastoralsoziologie』(Stuttgart, Berlin, Koeln: Kohlhammer 1996) 128. 조성돈, 같은 책 31.

비슷한 행보를 이루고 있다는 것이다. 즉 서구 사회가 현대화되어지면서 종교가 자리를 잃고 합리성에 그 초월성을 내어 주었던 것처럼 한국 사회에서 종교가 더 이상의 자리를 유지할 수 없게 되었다. 따라서 이 사회 속에 속한 한국 교회 역시 교인 감소 현상을 당연하게 받아들여야 한다는 주장이다. 즉 한국이 현대화되어지면서 사회는 세속화되어지고 그 결과로 종교 이후기의 교인 감소 현상이 한국 교회에서도 동일하게 나타나고 있다는 입장이다. 재미있는 사실은 이러한 분석이 서구 사회에서 오류로 증명되고 있는 바와 같이 한국 사회에서도 그것이 잘못된 가설임이 드러나고 있다. 이미 인용한 통계청의 자료를 자세히 살펴보면 이러한 가설의 오류가 정확히 드러난다.

지난 10년, 즉 1995~2005년 사이 종교 인구는 50.7%에서 53.1%로 2.4% 증가하였고, 절대 인구로 237만 명이 증가하였다. 즉 한국 사회가 세속화되어지고 있다는 증거는 적어도 종교 인구의 증감에서는 찾아볼 수가 없다. 더군다나 이십 년 동안 천주교는 절대 인구로 295만 명에서 514만여 명으로 219만 5천 명이 증가하여 74.4%라는 경이로운 성장을 이룩하였고, 불교 역시 이 기간 40만 5천 명이 증가하여 적지만 성장하였음을 알 수가 있다. 즉 개신교의 교인 감소는 지난 10년간 종교 인구의 변화에 아무런 영향을 받지도 않았을 뿐만 아니라 '종교 이후기'라는 단순한 분석으로는 설명이 안 되는 부분이 있다는 것이다. 이 부분이 한국 교회에 뼈저린 반성을 촉구하는 대목인데 한국 교회가 마이너스 성장을 하고 있는 이 시기에 한국 사회에서 종교 인구는 줄어들지 않았고, 가톨릭의 경우는 경이로운 성장을, 불교의 경우는 적은 폭의 성장을 하였다는 것이다. 즉 한국 사회는 최근에 이르러 오히려 더 종교적이 되었고, 천주교의 경우는 이 시기에 놀라운 성장을 이루었지만 개신교만이 마이너스 성장을 기록하며 곤두박질치고 있다는 것이다. 이것은 한국 교회가 선교적인 측면에서 우리가 생각하는 것 이상으로 심각한 문제에 봉착해 있다는 증거이며, 그 방향의 급격한 선회가 없이는 이 침체의 늪에서 벗어나기가 쉽지 않음을 보여 주는 대목이라고 본다.

2) 박탈·보상이론

개신교 인구의 감소에 대한 다른 설명은 박탈·보상이론이다. 이것은 가난, 고통, 좌절과 절망 등과 같은 박탈된 상태에 있는 계층에 종교가 보상의 역할을 한다고 보는 입장이다. 박탈에 대한 종교적 보상의 대표적인 방식은 위안이다.

"종교는 일상생활의 시련과 고난에 대하여 위로하고 격려하고 희망을 줌으로써 그것을 극복할 수 있는 믿음을 심어 준다는 것이다."[6]

특히 한국 교회가 산업화 시기에 성장하는데 있어서 이러한 박탈에 대한 보상을 통하여 사람들이 교회로 모였다는 것이다. 실제적으로 산업화와 도시화의 과정에서 사회적으로나 경제적으로, 또 정치적으로 박탈당한 계층이 교회로 모였다는 것은 쉽게 생각해 볼 수 있는 부분이고, 고향을 떠나 도시에 새로운 삶의 터전을 마련한 사람들이 교회, 특히 구역이라고 하는 대체 가족을 통하여 고향과 대가족을 떠난 상실감을 보상 받았다는 것은 상당히 설득력 있는 주장이다.

이러한 박탈·보상이론의 대표적인 학자인 글락(Charles Y.

6) 이원규, 『종교사회학의 이해』 (서울: 나남 1997) 429.

Glock)은 개인이나 집단에 있어서 상대적으로 나타날 수 있는 다섯 가지 유형의 박탈감을 설명하고 있다. 그것은 첫째는 경제적 박탈감으로서 사회에 대한 반감으로 종파 운동으로 나타난다고 보고 있고, 둘째는 사회적 박탈감으로 종교적 지위를 통하여 극복되어지는데 이러한 것은 교회라고 하는 조직에 나타난다고 보고 있다. 셋째는 유기체적 박탈감으로 이는 정신적, 또는 육체적 결함으로 인한 박탈감으로 조직화된 치유 운동으로 나타나게 되고, 셋째는 윤리적 박탈감으로 사회적 가치와의 갈등으로 종교적인 개혁 운동 등으로 나타나고, 넷째는 정신적 박탈감으로 제의 운동 등으로 나타나게 된다는 것이다. 이러한 설명에 따르면 실제적으로 산업화 시기 한국 교회가 그러한 역할들을 적절히 잘 감당하여 주었고 그것은 신자수의 증가로 나타났다고 볼 수 있다.[7]

그러나 현재 한국 교회의 감소에 대해서 이러한 박탈의 요인들이 줄어들었기 때문에 종교의 기능에 대한 기대 상실로 인한 것이라는 설명은 위에서 지적한 바와 같이 개신교만의 감소로 설명할 수 없기 때문에 그 의미가 많이 반감되는 것이 사실이다. 더군다나 한국 사회에서는 종교 인구가 하층민보다는 중·상층에 더 많이 분포되어 있기 때문에 이러한 분석의 틀이 과연 옳은 것인가 하는 의문이 들 수밖에 없다.[8]

3) 과도기론

저자는 현 상황에 대해서 과도기라고 주장하고 있다. 목회사회학 이라는 관점에서 볼 때 한국 교회의 특징 중에 하나는 '개교회주

---

7) 같은 책 431f.
8) 같은 책 443f.

의'이다. 개교회주의가 한국 교회에 가져다 준 여러 가지 폐해가 있는 것은 사실이고 그러한 지적들은 깊이 있게 성찰해 보아야 할 부분이다. 그러나 한국 교회가 그간 성장할 수 있었던 데에는 이 개교회주의가 그 바탕이 되었음 역시 간과할 수 없는 부분이라고 생각한다. 개교회주의가 가지고 있는 장점은 대략 두 가지 정도로 생각해 볼 수 있다. 첫째는 교단의 교리에 얽매여 있지 않다는 것이고, 둘째는 보통의 종교들이 가지고 있는 수직적 구조에서 자유롭다는 것이다. 보통의 조직된 종교들은 수직화(Hierarchy)된 구조들을 가지고 있다. 그러한 구조를 통하여 자신들이 가지고 있는 고유한 교리를 수호하고 조직을 일관성 있게 유지해 나갈 수 있는 것이다. 하부 구조에 대해서는 순종을 요구하고, 상부 구조에서는 성직자들의 수직화 된 구조를 통하여 통제를 가하고 있다. 그러나 이러한 구조는 사회적 변화에 둔감할 수밖에 없다. 사회적 변화를 감지하고 그러한 구조화된 조직이 변화하기 위해서는 아래에서 변화를 감지하여 위로 전달이 되어져야 하고, 그것이 다시 위에서 명령의 형태로 아래로 내려와서 일선에서 변화를 가져와야 하기 때문에 그 변화가 더딜 수밖에 없다. 그리고 그러한 변화는 조직 전체의 변화를 가져와야 하기 때문에 그 중간에 논의 구조가 복잡할 수밖에 없고 그러한 논의들이 변화로 이끌어진다는 것은 더욱 어려울 수밖에 없다. 이에 반해서 개교회주의에 바탕이 되어진 한국 교회는 이러한 과정을 생략하고 일정한 틀 안에서 각 교회가 옳다고 생각하는 바를 따라가고 그 교회의 방향도 이단의 시비가 없는 상황 안에서는 각 개교회가 결정할 수 있게 되어져 있다. 이것은 조직의 유연성을 낳았고 상황에 따라 빠르게 변화할 수 있는 여건이 되었다고 본다.

지나간 역사를 살펴보면 한국 사회에서도 시대에 따라 여러 종교들이 부침을 거듭했다. 다행이 한국 교회는 선교 120여 년의 역사 동안 꾸준히 성장을 거듭해 왔다. 특히 산업화 시기인 1970년대와 1980년대에는 수직적인 성장을 이어왔고, 1978년, 79년, 80년에는 매년 100만 명씩 성장하는 놀라운 기적을 경험했다.[9] 현재 개신교인이 861만 명이라는 사실을 보면 그 성장은 정말 기적이라는 표현 외에는 달리 설명한 방법이 없다고 본다. 이러한 성찰을 종교사회학적인 관점에서 살펴본다는 그 배경에는 산업화라고 하는 사회적 변동이 있었고, 한국 교회는 그 시대에 맞는 메시지와 조직적 뒷받침을 해 주었다고 볼 수 있다. 이러한 부분에 대해서는 박탈·보상이론이 잘 설명해 줄 수 있는 틀거리를 마련해 주고 있다. 즉 그 시대의 사람들이 가지고 있었던 박탈감 때문에 사람들은 다른 때보다도 더 종교를 찾게 되었다는 것이다. 그러나 이 시기에 다른 종교들의 성장과 비교해 볼 때 한국 개신교가 확연하게 성장할 수 있었던 이유를 찾는다면 개신 교회는 다른 종교들과 달리 그 시대에 맞는 방법과 메시지를 통하여 그 시대의 사람들을 교회로 인도할 수 있었다는 것이다.[10]

이러한 시대에 맞는 메시지와 조직의 변화가 가능할 수 있었던 것은 한국 교회 나름의 개교회주의에 기반한 조직적 형태가 있었기 때문이다.

저자는 하나님께서 한국 교회를 움직여 가실 때 각 개교회의 부침을 통하여 움직임을 만들어 가셨다고 생각한다. 가톨릭과 같이 한 교회가 중심이 되어 변함이 없이 주교 교회나 감독 교회의 역

---

9) 김병서, 『한국 사회와 기독교』 (서울: 한울아카데미 1995)
10) 조성돈, 「목회 패러다임, 60년의 간격과 미래」, 『목회와 신학』 2005/8.

할을 하는 것이 아니라 시대에 따라서 각 교회들이 성장을 하기도 하고, 축소되기도 하면서 한국 교회 전체의 틀로 보았을 때에 유기 체적인 변화를 만들어 왔다. 단적인 예로서 해방 이후와 육이오 이 후의 시대적 상황 속에서 영락교회가 장로교회라는 하나의 모습을 만들어 내었다면, 산업화 시기에는 순복음 교회의 성령 운동을 통 한 활력 목회의 형태를 만들어 내었다고 볼 수 있다. 1980년대 후 반부터 형성되어진 문화 시기에는 온누리교회라는 형태를 통하여 하나의 거대한 흐름을 만들어 낸 것이라고 볼 수 있다. 이것은 이 러한 교회들이 하나의 전형(Type)을 만들어서 한국 교회의 흐름을 형성했다고 할 수 있고, 이러한 목회 형태의 변화는 결국 그 시대 에 맞는 메시지와 조직 변화를 통한 한국 교회의 변형 과정이었다 고 정의할 수 있다. 중요한 것은 이러한 변화가 누구에 의한, 또는 특정한 몇몇 교회에 의한 움직이었다고 할 수는 없다는 것이다. 더 군다나 어떤 조직이나 교단에 의한 움직임이었다고 정의할 수도 없다. 이러한 움직임은 각각의 개교회의 부침을 통하여 하나님께서 한국 교회를 움직여 가신 모습이고, 동시에 교회가 사회와 만들어 낸 소통 과정(Communication)이었다고 할 수 있다. 이러한 움직임 을 통하여서 한국 교회는 지금까지 사회적 변화 속에서도 성장을 거듭할 수 있었던 것이고, 선교 백 년 동안 인구의 20% 가량을 점 하는 놀라운 성장을 할 수 있었다.

그러나 현재 한국 교회가 침체의 국면을 맞이하고 오히려 마이 너스 성장을 하게 된 것은 바로 이러한 관점에서 볼 때에 시대적 변화 속에서 한국 교회가 어떠한 복음의 틀을 만들어 가야 할 지 에 대한 방향이 만들어 내지 못한 것으로 볼 수 있다. 즉 시대는 변하였는데 아직 한국 교회는 이 사회와 소통의 과정을 만들어 내지 못한 것이다. 이제 한국 교회는 그 특유의 유연한 유기체적인 움직임을 통하여 새로운 선교적 방법을 찾아 나갈 것이다. 즉 이 시기는 이러한 새로운 방향을 찾아가고 있는 과도기라고 목회사회학은 보고 있다.

3. 현대인에게 전하는 복음의 틀거리

위에서 이야기한 바와 같이 현재 한국 교회의 상황을 과도기라고 정의할 수 있다면 이제 우리는 이 한국 교회의 흐름이 어떠한 방향으로 나아가야 할 것인가에 대해서 고민을 해 보아야 할 것이다. 특히 현대인들에게 전해야 할 복음은 어떠한 틀거리를 가지고 나아가야 할 것인지에 대한 진지한 고민이 있어야 할 것이다.

절대불변의 복음은 변할 수 없고, 또 변형되어야 할 이유도 없지만 시대적 소통 과정에서 이 복음이 어떠한 틀거리를 가져야 할 것인지에 대해서는 우리가 진지하게 생각해 보아야 할 것으로 믿는다. 이러한 의미에서 현대인들이 종교에 대해서 어떠한 요구들을 가지고 있고, 그들을 끌어당길 수 있는 요인은 어떤 것이 있는지를 살펴본다는 것은 큰 의미가 있다고 본다.

이러한 의미에서 얼마 전 통계청에서 나왔던 '2005년 인구 주택 총조사(Census)'는 우리들에게 현대인들이 가지고 있는 종교성의 흐름을 살펴보는데 중요한 자료가 될 것으로 보인다. 이번 통계의 특징은 무엇보다도 가톨릭의 성장으로 정의되어질 수 있을 것이다. 가톨릭은 지난 10년간 74.4%라는 경이로운 성장을 이루었다. 인구 주택 총조사가 국민들 전체를 대상으로 한 전수 조사이기에 가장 신뢰할 수 있는 통계임을 감안한다면 이러한 성장은 분명 우리들에게 상당히 충격적으로 다가온다. 만약에 이 기간에 가톨릭이 이렇게 성장할 수 있었던 배경을 설명할 수 있다면 이 사회에서 현대인들이 기대하는 종교적 형태를 밝힐 수 있을 것이다. 그러한 배경을 설명할 수 있는 것은 물론 여러 가지 관점이 존재할 수 있지만 목회사회학이라는 특수한 관점에서 설명해 보고자 한다.

1) 신뢰에 바탕 된 가톨릭의 매력

가톨릭이 종교를 가지기 원하는 사람을 끌어당기는 요인 중 가장 먼저 생각해 볼 수 있는 대목은 그들이 신뢰성을 가지고 있다는 것이다. 이것은 경영학적인 언어 표현으로 브랜드화의 성공이라고 할 수 있다. 우리가 물건을 구입할 때 어느 브랜드를 선택하는 것은 비록 그것이 비슷한 품질에 비해서 비쌀 수도 있지만 적어도 구입의 실패는 맛보지 않으리라는 신뢰를 위한 비용으로 칠 수 있다. 우리가 브랜드를 선호하는 것은 바로 이러한 그 브랜드의 신뢰성을 사는 것이다. 가톨릭이 이러한 브랜드화에 성공했다는 것은 종교를 선택하는 사람이 어느 성당을 가든지, 어떤 신부를 만나든지 그들은 일정 정도의 수준을 보장받을 수 있다는 것이다.

이것은 개신교에서 나온 반감이라고도 볼 수 있다. 개신교는 현재 너무 많은 목회자들이 배출이 되어서 목회자들의 질이 보장되기 어려운 지경이고 그들에 의해 너무 많은 교회가 설립되다 보니 그 회중의 질도 보장이 안 되고 있다. 더군다나 이러한 교회와 목회자의 과잉 공급 상황은 교회 사이에서, 또 목회자들 사이에서 경쟁을 불러일으키면서 여러 가지 부작용을 일으키고 있다. 대표적인 경우가 전도의 이데올로기화인데 이는 전도를 내 교회로의 인도로 보고 그것을 이루기 위해서 수단과 방법을 가리지 않는 과열 경쟁으로 사람들의 눈살을 찌푸리게 만드는 경우들이며, 또 전도를 신앙의 가장 중요한 덕목으로 만들어 내는 신학화의 문제들이다.

얼마 전 개종자 연구를 위하여 개신교에서 천주교로 개종한 사람들 10명과 집단 인터뷰를 한 적이 있다. 그들을 인터뷰하면서 인터뷰에 참가한 학자들은 개신교에서 천주교로 개종한 데에는 천주교가 가지고 있는 끌어당기는 힘도 있지만 개신교가 나타난 밀어내는 요인도 있다고 결론을 내렸다. 이 밀어내는 요인은 인터뷰 대상자의 거의 모든 사람들이 공동으로 지적한 바이었는데 그들 대부분이 강요된 헌금과 과다한 봉사에의 요구를 경험했다는 것이다. 믿음이 형성되어지기 전에 만나게 되는 이러한 강요된 헌금과 봉사는 사람들로 하여금 교회를 떠나게 만드는 중요한 요인이 된다는 것이다.

이러한 경험은 단지 개종자들에게서만 나타나는 것은 아니고 일반적인 개신교 성도들이라면 한 번 정도 경험을 해 보았을 것이다. 이것은 교회의 문턱도 넘어 보지 못한 사람일지라도 일반적으로 너무 많이 들어서 익숙한 것일 수 있다. 이러한 것이 개신교에 하나의 이미지를 만들어서 사람들이 종교를 선택하게 될 때에 어느 교회를 가야할 지 망설여지게 만든다는 것이다. 그래서 가톨릭을 선택하게 되는데 그 이유가 어느 성당을 들어서든지 그러한 문제가 없을 것 같고 자신들의 기대를 충족시켜 줄 수 있을 것 같다는 느낌을 준다는 것이다.

이러한 브랜드화의 현상은 단지 가톨릭에서만 나타나는 것은 아니다. 개신교 내에서도 이름이 널리 알려진 목사가 새로이 개척을 하게 될 때에 단기간에 수천, 수만의 예배 성도를 모으는 것을 볼 수 있다. 또는 유명한 교회가 지교회를 설립하는 경우들이다. 모교회에서 훈련받은 부목사가 담임으로 나오고, 그 모교회의 프로그램을 그대로 적용하는 경우나, 위성방송을 통하여서 모교회의 설교를 그대로 방송하는 교회들에 사람들이 쉽게 모이는 것은 바로 이러한 교회들이 사람들이 생각하는 질을 보장해 줄 수 있을 것이라는 기대 때문이라고 본다. 이러한 성장은 정상적인 목회적 성장이라고 설명할 수 없다. 합리적인 설명은 그러한 목사나 교회의 브랜드가 사람들을 끌어들인 것이라고 볼 수 있다. 이렇게 볼 때 가톨릭의 브랜드를 형성하는 것은 어떤 것일까. 가톨릭의 선택 요인 중 아래 세 가지가 그 형성 요인이 될 것이다.

2) 신비적 종교 기관으로서의 이미지

가톨릭이 선호되는 두 번째 이유는 다원화된 사회 속에서 천주교는 신비적 이미지를 가지고 있다는 것이다. 사회가 점점 복잡해지고 쉼 없이 돌아가는 가운데 가톨릭이 가지고 있는 전통적 의례는 오늘을 사는 현대인들에게 멈추어 설 수 있는 존재의 공간으로 비쳐졌을 것이다. 위에서 언급한 그 인터뷰에서 어떤 분은 '개신교는 표현의 종교이고, 천주교는 묵상의 종교'라는 표현을 해 주었다. 그러면서 천주교가 가지고 있는 신비스러움이 자신의 개종에 많은 영향을 끼쳤음을 시사하였다. 더군다나 결혼도 안 하고 엄격한 규율 속에 구별된 삶을 사는 천주교 성직자들의 모습 속에서 현대인들은 자신들의 삶과는 다른 종교적 영역을 발견하게 되는 것 같다. 즉 그들이 종교적 신비를 더해 줄 수 있을 것 같다는 느낌이다.

이에 반해서 개신교는 쉬운 설교와 생활에 적용되어지는 이야기 중심의 설교를 예배의 중심으로 삼았다. 예배의 모든 순서들이 이 설교를 중심으로 이루어졌고, 예배자들도 설교만 들으면 예배의 모든 부분들이 소화되는 것으로 여겼다. 그래서 적지 않은 숫자가 예배 중간에 들어와서는 설교가 끝나면 축도 전에 예배당을 빠져나가는 모습까지 보였던 것이 사실이다. 그러나 이러한 쉬운 설교와 이야기 중심의 설교는 지난 산업화 시기에 국민적 교육이 필요하던 때에 많은 사람들을 교회로 이끌어오는 중요한 요인이 되었다. 그리고 활력을 요구하던 그 시기에 성령론에 근거한 통성기도의 형식은 사람들에게 큰 힘과 위로가 되어졌었다. 그러나 그러한 종교적 형태가 오늘날에도 의미가 있는 것인가 생각해 볼 단계가 되었다고 본다.

신비의 체험은 현대 종교성의 중요한 특징 중에 하나이다. 서구에서도 최근 명상을 중시하는 종교나 동양 신비 종교들에 사람들이 몰리고 있다. 우리나라에도 서양인들이 불교에 귀의하여 불교 성직자가 된 사람들을 자주 보게 되는데 이러한 현상은 특이한 돌출 현상이 아니라 현재 서구 사회에서 나타나고 있는 종교적 현상의 결과인 것이다. 바로 이러한 현상들이 현재 한국 사회에서도 나타나고 있는 것으로 볼 수 있다.

개신교 내에서도 이러한 현상들이 보여지고 있는데, 대표적인 것이 이머징 워십(Emerging Worship)이다.[11] 물론 아직 한국 교회에서는 큰 흐름으로 나타나는 것은 아니지만 미국 교회에서는 상당히 영향력을 만들어 가고 있는 것으로 보고되고 있다. 이머징 워십

---

11) 김덕수, 「포스트모던 시대의 예배 갱신을 위한 제안」, 『목회와 신학』 2005/8; 주승중, 「고전적 가치를 지닌 믿음의 예배를 꿈꾸며」, 『목회와 신학』 2005/8.; Kimball, Dan, 『the Emerging church. Vintage Christianity for New Generations』(Michigan: Zondervan 2003); _____, 『Emerging Worship. Creating Worship Gatherings for New Generations』(MIchigan: Zondervan 2004)

은 간단하게 이야기해서 전통 예배로의 회귀나 복고라고 할 수 있다. 모던 시대에는 음악이나 설교가 중심이 된 문화적 접근을 중시하는 구도자 예배가 중요한 흐름을 가지고 있었다면 포스트모던 시대에는 오히려 예배 전통의 회복을 추구하고 있는 이머징 워십이 주도권을 만들어 가고 있다. 이것이 최근의 현대성이다. 흥미로운 사실은 이머징 워십을 한국에서 해석하는 데 어려움을 가지고 있기 때문에 영어 그 자체를 그대로 사용들을 하는데 굳이 해석을 하자면 '떠오르는 예배'12)나 '차세대 예배' 등으로 표현할 수 있다. 즉 모던 시대를 뛰어넘는 포스트모던의 차세대 예배가 오히려 전통의 회복 또는 복고라고 할 수 있다는 것이다.

복잡한 현대 사회 속에서 사람들은 그들의 영혼이 쉼을 얻을 수 있는 곳을 찾고 있다. 빠르게 진행되어지는 현대 사회 속에서 현대인들은 그들의 내면이 쉼을 얻을 수 있는 신비의 장소를 찾고 있다. 교회에 대해서 그들이 가지고 있는 기대 역시 종교 기관으로서 그들의 이러한 신비에 대한 열망을 채워 주는 초월의 충만이다. 가톨릭은 적어도 이러한 그들의 기대를 채워 줄 수 있을 것 같다는 사회적 이미지를 가지고 있는 것 같다.13)

3) 봉사하는 기관

천주교가 성장하는데 있어서 중요한 요인이 된 것 중에 하나는 또 천주교가 봉사하는 기관으로 비쳐지고 있다는 것이다. 자주 언론에 거론되어지는 천주교 성직자들의 헌신적인 봉사의 소식들은

---

12) 주승중, 같은 책 65.
13) 쉼의 목회에 관해서, 조성돈, 「여가화를 통한 사회적 변동과 쉼의 목회」, 『목회사회학. 현대 사회 속의 기독 교회와 생활신앙』 (서울: 토라 2004) 6장.

그들이 많은 봉사를 감당하고 있는 것으로 보여진다. 예를 들어서 소록도에서 평생을 헌신하였다는 오스트리아의 수녀들 이야기나 마더 테레사의 희생적 봉사의 이야기들은 사람들을 감동시키면서 이러한 이미지를 가지게 하는데 큰 몫을 감당하고 있다. 한미준이 한국 갤럽과 함께 조사한 자료에 보면 종교별 이미지 조사에서 한국 교회는 교세 확장에만 관심이 있다(76%)든가 지나치게 헌금을 강요하는 경향이 있다(70.8%)고 비쳐지고 있고, 오히려 구제·봉사 활동 등 대사회적인 역할을 잘하고 있다(37.8%)고는 이해되지 않고 있다.14) 이것을 종교별 이미지 포지셔닝을 통해서 보면 한국 교회는 헌금 강요나 교세 확장에 치중한다고 보여지고, 천주교는 지도자가 우수하고 대사회적 역할을 잘하고 있다고 보여진다는 것이다.15)

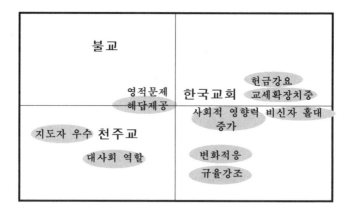

각 종교별 이미지 포지셔닝(MCA)

---

14) 한미준 / 한국갤럽, 『한국 개신 교인의 신앙활동 및 신앙의식 조사 보고서. 타종교인 및 비종교인과의 비교 분석』(서울: 두란노 1999) p. 117.
15) 같은 책 p.118.

여기서 이 봉사라는 개념을 구호적 봉사를 넘어 사회구조적 봉사나 의식적 봉사까지를 포함한다면 이러한 이미지는 더 심화될 것이다. 특별히 지난 권위주의 정권 아래에서 천주교가 정의구현사제단 등의 활동으로, 그리고 김수환 추기경을 통한 적절한 사회적 영향력을 행사했던 것을 생각해 보면 이러한 이미지가 구축되는데 많은 역할을 했다고 볼 수 있다. 특히 지난 시기 동안 명동성당으로 대표되어지는 약자들의 피난처로서의 교회의 이미지를 생각해 보면 천주교가 이러한 이미지를 얻은 것이 특별하다고 할 수 없을 것이다.

4) 의미를 추구하는 현대인들의 욕구

현대인들은 개인적인 차원에서 삶의 의미들을 추구하고 있다. 이것은 두 번째 이유로 들었던 영성의 문제와 연관되어질 수 있는데 현대인들은 가치관의 혼란 속에서 자신의 성찰을 통한 삶의 의미를 찾고 있다는 것이다. 이전까지 사람들은 준거 집단이라고 불리는 일정한 단체에 소속을 하여 가치관이나 삶의 방식들을 학습하였다. 그러나 개개인의 해방을 중시하는 현대 사회에 이르러서는 스스로의 성찰을 통하여 자아 정체성의 확립과 삶의 의미를 만들어 가기를 원하고 있다. 즉 삶에 있어서 가치로의 전환이 일어나고 있다고 볼 수 있다.

이러한 가치로의 전환은 종교적 부분에서만 아니라 일반적인 사회 현상이다. 『칭찬은 고래도 춤추게 한다』, 또는 『경호』 등의 책으로 유명한 세계적인 경영컨설턴트 켄 블랜차드는 자신을 CSO (Chief Spiritual Officer)라고 소개하고 있다. 즉 자신은 영적 지도자라는 것이다. 2006년 1월 16일자 조선일보에는 BMW 코리아 사장인 김효준 씨가 '글로벌 리더는 누구인가'라는 제목의 칼럼을 썼다. 여기서 그는 글로벌 리더가 갖추어야 할 세 가지를 제시하고 있는데 그 첫 번째가 영적 가치(Spiritual Value)의 추구이다. 현재 경영학에서는 영성을 리더십의 중요한 덕목으로 여기고 있다. 여기서 영성은 종교적 영성이라기보다는 현상에 대한 초월적 가치의 부여라고 볼 수 있다. 기업을 단순히 이윤을 추구하는 단체로서 이해하는 것이 아니라 윤리적 경영이나 경영의 가치 창출에 중점을 두도록 하는 것이다. 그래서 기업을 중심한 모든 이해 관계자들로부터 존경을 받으며 사회적 가치를 증대시키는 경영 활동을 하는 것으로 보고 있다. 예를 들어서 과자 회사로 유명한 오리온의 담철곤 회장은 인터뷰에서 자신은 '즐거움'을 팔고 있다고 소개하고 있다. 그 회사가 판매하고 있는 과자가 이제 아이들의 허기를 채우는 것이 아니라 그 과자를 먹음으로서 즐거움을 얻는 것이라고 그는 의미 부여를 한 것이다. 이것이 바로 현대 사회의 특징이다.

개신교는 이전에 엘리트 종교라는 이미지를 가지고 있었다. 이성적 종교 활동과 개인의 인적 개발이 동시에 상승 작용을 하면서 사회적 지도자들을 많이 배출했기에 얻게 된 이미지일 것이다. 그러나 최근에는 이러한 이미지를 잃어가고 있는 것 같다. 설교 중심의 종교 활동이 이전에는 사람들의 마음을 사로잡았고, 준거 집단으로서 그들에게 일정한 의미 부여의 역할을 감당했다. 그러나 최근에는 이러한 이미지가 천주교로 이전하고 있다는 느낌이 든다. 앞에서 본 이미지 조사에서 나타난 바와 같이 천주교는 지도자들이 우수하다는 이미지를 주고 있다는 것이다. 이것은 자아 성찰의 기회로 보이는 전통적인 종교 의례의 장점과 함께 이 한국 사회에서 가톨릭의 큰 장점이라고 보여진다. 즉 공간적으로나 시간적으로 삶의 성찰과 존재 의미의 추구 가능성을 제공할 수 있는 가톨릭의 장점은 아직 선동적 설교에 익숙한 개신교에서 배워야 할 부분이라고 본다.

4. 결론

이상 열거한 가톨릭의 장점들은 우리 개신교에 비교되어진 그들의 특징이라 할 수 있다. 그 동안 가톨릭이 200년의 선교 역사를 가지고 있으면서도 개신교가 크게 성장할 때 그렇게 성장하지 못하다가 최근 10년간 급하게 성장한 것은 그들의 선교 방식이 변해서가 아니라 오히려 사회가 변해서 가톨릭에 맞추어진 형태라 할 수 있다. 이에 반해서 한국 교회는 선교 이후 100여 년 동안 사회를 리드하기도 하고 사회적 요구에 응답을 하면서 성장을 거듭해 왔다. 단지 최근 10년 동안 이 흐름을 놓치고 만 것이다. 이제 우리는 겸손하게 이 시대의 물음에 귀 기울이고 응답할 자세를 갖추어야 할 것이다. 앞에서 현 시기를 과도기라고 표현했다. 과도기라고 한 것은 한국 교회가 현 위기를 극복해 나갈 돌파구를 만들어 갈 것이라는 희망을 포함하고 있다. 아니 벌써 영성이나 봉사라는 두 방향의 흐름이 형성되어지고 있는 것을 볼 수 있다. 단지 바라는 것은 개신교가 이제 한국 교회라는 큰 틀 안에서 시대를 바라보고 역사를 이해할 수 있었으면 한다. 더 이상 경쟁의식에 매어달려 내 교회만 살겠다는 식의 전도 활동을 통해서는 수평이동만 일어날 뿐 한국 교회의 성장은 기대할 수 없다고 본다. 이제 이 큰 틀의 움직임이 일어나고 사회 안에서 긍정적인 이미지가 구축되어질 때 한국 교회는 이 사회에서 하나님의 영광을 회복할 것이다.

참고 도서

김덕수, 「포스트모던 시대의 예배 갱신을 위한 제안」, 『목회와 신학』 2005/8.

김병서, 『한국 사회와 기독교』 (서울: 한울아카데미 1995)

이원규, 『종교사회학의 이해』 (서울: 나남 1997)

조성돈, 『목회사회학. 현대 사회 속의 기독 교회와 생활신앙』 (서울: 토라 2004)

_____, 「목회 패러다임, 60년의 간격과 미래」, 『목회와 신학』 2005/8.

주승중, 「고전적 가치를 지닌 믿음의 예배를 꿈꾸며」, 『목회와 신학』 2005/8.

한미준 / 한국 갤럽, 『한국 개신교인의 신앙 활동 및 신앙의식 조사 보고서. 타종교인 및 비종교인과의 비교 분석』 (서울: 두란노 1999)

Daiber, Karl-Fritz, 『Pastoralsoziologie』 (Stuttgart, Berlin, Koeln: Kohlhammer 1996)

Wilson, Brian, 『Comtemporary Transformations of Religion』 (Oxford: Oxford Univ. Press 1976)

Kimball, Dan, 『the Emerging church. Vintage Christianity for New Generations』 (Michigan: Zondervan 2003)

_____, 『Emerging Worship. Creating Worship Gatherings for New Generations』 (MIchigan: Zondervan 2004)

4

개종자를 통해 본 한국인의 종교성

정재영(실천신학대학원대학교 교수)
이승훈(한림대학교 연구교수)16)

1. 들어가는 말

통계청이 2005년에 실시하여 발표한 인구 주택 총조사 내용 중에서 종교에 대한 부분을 보면, 우리나라 3대 종교 중에서 불교는 3.9% 증가했고, 천주교가 74.4% 증가한 반면에 기독교는 1.6% 감소한 것으로 드러났다. 물론 실제 기독교 인구가 줄어들었는지에 대해서는 여전히 논란이 일고 있으나, 이번 조사가 전수 조사라는 점에서 다른 어떤 조사보다도 신뢰도가 높은 조사임은 분명하다. 천주교 자체 통계에서는 이러한 증가가 나타나지 않는다고 하나 천주교 통계는 영세를 받은 사람만 통계에 넣기 때문에 나타나는 차이이다. 그러나 영세는 받지 않았다고 하더라도 자기 스스로 천주교인으로서 동일시한다면 천주교인으로 인정해야 하리라고 판단된다. 일 년에 한 번만 절에 가더라도 스스로 불자라고 한다면 불교도로 인정하는 것과 같은 논리이다.

이러한 종교 인구의 차이에 대하여 학자들은 학자대로 종교인은

---

16) 이 연구는 목회사회학연구소의 공동 연구 과제로 진행되었다.

종교인대로 자신들의 견해를 피력하고 있으나, 대부분 객관성 있는 자료에 근거하기보다는 자신의 관점에서 중요하게 여겨지는 내용을 이야기하는 것이다. 이에 따라 본 연구소에서는 실제 조사를 통하여 한국 종교 인구의 성장과 감소를 조명해 보고자 하였다. 통계상으로 개신교에서 천주교로 개종한 경우가 두드러지게 드러났다고 볼 수는 없으나 이 연구에서 개종에 주목한 이유는 개종자의 경우에는 개신교와 천주교에 대한 뚜렷한 이해를 가지고 있을 것으로 기대했기 때문이다.

본 연구에서는 심층 면접을 연구 방법으로 택했는데, 그 이유는 현실상 개종자를 수백 명 찾아서 설문 조사를 한다는 것이 여의치 않기 때문이기도 하지만, 몇 가지 질문을 피상적으로 던지는 설문 조사를 통해서는 한 사람이 개종하는 과정에서 겪게 되는 복잡한 심경 변화와 그들의 의미 세계를 제대로 파악하기 어렵다고 판단했기 때문이다. 이에 따라 본 연구에서는 2006년 9월 29에 서울에 있는 한 성당의 도움을 받아 10명의 개종자를 집담회 형식으로 면접했으며, 이중 3명을 따로 만나서 일대일로 심층 면접을 실시했다. 그리고 따로 4명을 더 심층 면접하여 총 14명을 면접 조사하였고, 남성 개종자 2명에게 서면으로 답변을 받았다.

본 연구는 개종 이유에 대한 일반화를 목적으로 하지 않는다. 개종한 모든 사람의 이야기는 아니더라도 개종한 사람들 중 일부가 갖고 있는 개신교와 천주교에 대한 의미를 드러내고자 한 것이다. 또한 이들의 이해가 전적으로 옳다고 주장하려는 것도 아니다. 종교 지도자는 이런저런 의도를 가지고 교육을 하기도 하고 평신도들을 이끌어가지만, 그것을 수용하는 평신도들이 실제로 어떻게 받아들이고 이해하고 있는 내용은 종교 지도자들의 의도와 사뭇 다를 수 있다. 우리는 종교지도자들의 의도나 법규화되어 나타나는 종교 교리가 아니라 평신도들이 그들의 삶에서 실제로 구성하는 의미 세계를 밝혀 보고자 한 것이다. 이 연구는 이와 같이 매우 제한된 연구이지만, 이제까지 개종에 대한 실제 조사가 거의 전무한 상황에서 개종에 대한 학문적인 연구를 위한 첫 걸음을 시작했다는 데 의의를 두고자 한다.

아울러 한 가지 밝혀 두고자 하는 것은 이 연구는 엄정한 학문의 관점에서 시작되었다는 점이다. 단순히 천주교의 성장 요인이나 장점을 배우려고 하는 것이 아니라 개신교에서 천주교로 옮긴 사람들의 이야기를 통해서 현대인들이 추구하는 종교성의 성격을 조명해보고자 하는 것이다. 실천적인 관심이 있다면, 한국 교회에 대하여 성찰할 기회를 갖고 개 교회보다는 한국 교회 전체가 가야 할 방향을 잡는 데 도움을 줌으로써, 한국 교회가 한국 사회와 올바른 소통을 하는 데에 작은 기여를 할 수 있기를 바라는 것이다.

2. 개신교가 밀어내는 요인

이 연구에서는 개신교에서 천주교로 개종하는 과정을 '개신교가 밀어내는 요인'과 '천주교가 끌어당기는 요인'으로 구분하여 살펴보고자 한다. 여러 가지 밀어내고 끌어당기는 요인들이 작용하는 가운데 결정적인 계기가 마련됨으로써 개종이라는 행위의 결단이 이루어지는 것으로 이해하고자 하는 것이다. 개종자들이 말하는 밀어내는 요인은 다음과 같이 몇 가지로 정리된다.

1) 개신교는 표현의 종교

우리가 만난 개종자들이 개신교에 대해서 받은 인상은 개신교가 전체적으로 감정을 표출하는 것을 중시하는 분위기로 느꼈다고 말한다. 그래서 한 사람은 개신교를 '표현'의 종교라고 표현했다. 천주교는 묵상을 강조하는 데 반해서 개신교는 자신의 영적인 상태를 밖으로 표출하는 데 더 몰두한다는 것이다. 자신의 내면의 모습을 성찰하고 성경의 가르침을 묵상하기보다는 빠른 박자의 찬양을 부르며 자신의 신앙을 표출하기에 애쓴다는 것이다. 그리고 설교나 성경에 대한 가르침에 대해서도 깊이 숙고하기보다는 '덮어놓고 믿는 식'이라며, 목사님 말씀에는 "할렐루야", "아멘"하고 외치라고 하고, 하지 않으면 왜 아멘이라고 하지 않느냐며 다그친다는 것이다.

이런 분위기는 천주교에서는 성당에 출석을 하더라도 일정 기간 동안 교리 교육을 받고 영세를 받아야 정식 교인으로 인정하는 데 반해, 출석한 지 한 달도 되지 않아 교육을 제대로 하지도 않고 등록을 하라고 강권하는 교회가 많다는 것에서도 나타난다. 심지어 한 개종자가 출석했던 어떤 교회는 처음 출석하던 날에 등록을 하라고 요구해서 무척 부담스러웠다고 말한다.

종교사회학자들은 개신교는 대개 중상층의 사람들이 많고, 천주교는 개신교와 비슷하지만 중간층이 다소 많은 비중을 차지하고 있다고 말한다.[17] 그리고 중상층은 종교 지성주의를 나타내고 중하층은 종교 감성주의가 강한 것으로 알려져 있다. 그러나 이번 연구에서는 이러한 종교의 계층성의 지형이 바뀌고 있다는 인상을 받

---

17) 이원규, "종교와 사회 계층," 「종교사회학의 이해」(서울: 사회비평사, 1997), 449-450쪽.

았다. 천주교에서는 교리 공부 등을 통해 이해하기 어려운 교리에 대해 비교적 상세한 설명을 제시하며 지성적이고 합리적인 종교 생활을 하는 데 반해, 개신교에서 행해지고 있는 성경 공부는 단답 형의 단순한 질문의 연속에 그나마도 주어진 정답을 강요하다시피 하는 식으로 진행되기도 한다.

흔히 개신교를 '말씀의 종교'라고 표현하지만, 설교가 아무리 논리적이라고 해도 받아들이는 사람이 숙고하고 성찰하지 않으면 소용이 없다. 개신교에서 수많은 책이 쏟아져 나오지만 스스로를 성찰할 수 있는 계기를 마련해 주는 책은 그리 많지 않은 실정이다. 종교 개혁은 반지성에서 지성으로 간 운동인데, 종교 개혁의 주체인 개신교에서 오히려 반지성주의의 경향이 강하다는 것은 역사의 흐름과 상반되는 것을 나타낸다.

2) 외형에 치중하는 교회

우리가 만난 개종자들은 한결같이 교회가 지나치게 외형에 치중하고 있다는 인상을 받았다고 말한다. 교회 이미지와 관련된 설문 조사에서 흔히 나타나는 헌금에 대한 강요나 교세 확장에 대한 몰두와 같은 내용이 개종의 원인이 되었다는 이야기를 들을 수 있었고,[18] 또한 지나치게 직분에 연연해하는 교인들의 모습에도 크게 실망을 했다는 말을 했다. 유아 세례를 받고 30대까지 교회 생활을 하다가 개종한 한 여성은 교회에서 헌금 그래프를 그려 놓으며 헌금을 많이 내도록 강요했고, 헌금을 많이 한 어떤 교인이 교회에 출석한 지가 얼마 되지 않았음에도 금세 집사가 되는 것을 보고 크게 실망을 해 교회를 떠나게 되었다고 말한다.

---

18) 한미준·한국 갤럽, 「한국 교회 미래 리포트」(서울: 두란노, 2005), 232-235쪽.

또 다른 사람은 개신교는 '주일 성수'와 같은 외형으로 나타나는 종교성을 강조하고, 그 주일 성수도 반드시 자기 교회에 가야만 하는 것으로 생각하는 것이 매우 배타적으로 여겨졌다고 말한다. 특히 교회에 가면 사람들이 매우 친절하게 인사하며 반갑게 맞아 주지만, 한 주 결석이라도 하면 무서운 눈초리로 쳐다보며 큰 죄인인 양 대하는 모습을 보며 자신을 교세 확장의 수단으로 여기는 느낌이 들어 불쾌했다고 한다. 그래서 다른 교회에 가 보아도 어떻게 하면 우리 교인으로 끌어들일까 하는 눈빛으로 보는 것 같아 매우 가식적으로 여겨졌다는 것이다.

유명 교회에서 집사로 구역장을 지내다가 권사 후보에 오른 후에 성당으로 옮긴 한 개종자는 "자기 교회와 같은 좋은 교회에 다니지 않는 사람들을 무시하면서 쓸데없는 자부심을 가지고 있고, 하나님보다는 목사님을 하나님 같이 섬기며 장로나 권사가 되려고 선거 운동 하는 모습에 질렸다."고 말한다. 또 다른 사람은, "성당에서는 얼마나 봉사를 열심히 하느냐에 따라 직분을 받고 그것도 임기제로 이루어지지만, 교회에서는 봉사 정도보다도 헌금 정도에 따라 직분을 받는 것 같이 보였으며 안수를 받아 평생 누리게 되는 직분을 얻으려고 너무나 애를 쓴다."며 안타까워했다. 심지어는 교회 지도자인 목회자마저도 돈이 많거나 사회에서의 지위가 높은 사람을 선호하는 것 같은 강한 인상을 받았다고 한다.

3) 가족 같은 분위기의 이중성

개종자들은 교회에서 사람들은 가족같이 너무 복잡대고 부대끼며 서로 상처를 많이 주고받는다고 말한다. 개신교회 구성원들은 서로 간에 매우 친밀한 관계를 형성하며 가족과 같은 분위기에서 신앙생활을 하는데, 이것은 친근감을 준다는 좋은 점도 있지만 사생활의 영역이 침범 당한다는 느낌을 주어 불편하게 하기도 하다. 특히 중보기도회와 같은 자리에서 은밀하게 나눈 기도 제목조차 다른 사람들에게 공개되어 전혀 예상하지 못한 사람이 다가와서 "내가 기도하고 있다"는 말을 들을 때면 고맙다기보다는 뒤통수를 얻어맞은 기분이라는 것이다.

심지어 신의가 지켜져야 할 목회자와의 상담 과정에서 나눈 이야기조차도 다른 사람에게 누설되는 매우 불쾌한 경험을 했다는 이야기도 듣게 되었다. 부부 사이에 어려운 문제로 고민하던 남편이 목사님과 상담을 했는데 이 이야기를 전해들은 목사님의 사모님이 자신에게 그 이야기를 전하더라는 것이었다. '고해성사'라는 제도를 위해 훈련을 받는 천주교 신부와 달리 상담에 대한 특별한 교육이나 훈련을 받지 못한 개신교 목회자들은 신도와의 상담에 대한 신의를 지키지 못하는 경우가 실제로 적지 않은 것으로 알려져 있다.

또한 개인의 의사를 존중하며 사생활을 침해하지 않으려는 천주교에 비해, 개신교에서는 처음 교회에 온 사람에게도 친근감을 표시하며 교회 활동에 적극 참여하도록 권유를 하고서는 자신의 의사와 상관없이 이런 저런 봉사 활동을 강요하다시피 한다고 말한다. 이런 교회에 대해 이 개종자는 교회를 '시댁'과 같은 곳이라고 표현했다. 교회 여전도회장의 요구로 주방 봉사를 하게 되었는데, 인문학 박사인 자신은 교육 분야에서 봉사하고 싶었지만, 이런 일에 대해 사전에 동의나 양해를 구하지 않고 무턱대고 나와서 밥을 하라고 하더라는 것이다. 그런데 그마저도 서로 돕고 배려하는 분위기가 아니라 서로 경쟁하며 다른 사람보다 더 인정받으려고 하는 분위기였다고 한다. 그 후부터는 교회에서 행사가 있을 때마다 밥을 하라고 불러서 결국 '밥댁'이 되었다는 것이다. 결국 교회와 목회자와 목회자 부인에게 크게 실망한 이 사람은 "사모님 없는 교회, 밥 안 먹는 교회"를 찾았는데, 그게 바로 성당이었다는 것이었다.

우리는 교회에서 실망한 사람들이 왜 다른 교회를 찾아보지 않고, 성당을 택했는지를 물었다. 그들의 대답은, 교회에 대한 실망이 너무 커서 교회는 가고 싶지 않았고, 같은 하나님을 믿는 성당을 택하게 되었다는 것이었다. 그런데 여기서 흥미로운 대답은, 교회는 교단과 교파를 따져서 선택을 해야 하는데 이것이 매우 번거로웠고, 지역이나 규모에 상관없이 어느 정도 표준화 또는 평준화 되어 있는 성당에 비해 교회는 목회자에 따라서 천차만별이기 때문에 교회를 결정하기가 매우 어려웠다는 것이었다. 성당은 매우 일관성이 있고 통합된 인상을 주지만, 교회는 각각의 형편과 수준에 따라 차이도 심해서 한 교회를 선택한다는 것이 매우 위험 부담이 큰일이라는 것이다. 실제로 개신교의 신도들이 이사와 같은 이유로 교회를 옮겨야 하는 경우에조차 대부분의 교회 목회자들은 멀리 이사를 가더라도 다니던 교회에 출석하기를 강요하고, 그럼에도 교회를 옮기려고 하는 신도의 입장에서는 교회를 새로 결정하기도 쉽지 않아 이중의 압박감에 시달리고 있다.

3. 천주교가 끌어들이는 요인

개신교에 실망하고 떠난 교인들이 천주교를 선택하게 된 요인은 무엇인가? 교회에 대한 실망이 다른 교회로의 이동이 아닌, 천주교로의 개종이란 형태로 나타나는 원인을 살펴보고자 한다. 이를 위해서는 개신교의 밀어내는 요인과 함께, 천주교에서 신자들이 끌어들이는 요인이 무엇인지를 살펴보아야 한다. 아래에서는 개종의 경험이 있는 사람들이 직접 말하고 있는 개종 이유를 정리하고 있다.

1) 성스러운 이미지의 성당

인터뷰 과정에서 천주 교회의 가장 큰 특징이자 장점으로 많은 사람들이 지적한 것은 '천주교는 성스럽다'는 것이었다. 이들은 천주교의 '성스러움'을 개신교의 '세속성'과 대비시켜 이야기를 하고 있다. 이들이 말하는 '성스러움'의 내용이 무엇인지 좀 더 자세히 살펴보면, 무엇보다도 먼저 성당의 성스럽고 엄숙한 분위기를 지적한다.

성당을 다녀보니까 상징이 중요한 것 같아요. 그런 것들이 사람을 편하게 해 주고 성스럽게 해 주는 것 같아요. 우상 숭배다, 뭐 옛날에 저도 그런 생각을 했었는데 그런 것이 없어졌어요.

미사를 딱 들어가면 사람들이 굉장히 진지하고 엄숙하고 묵상의 종교구나 라는 느낌은 많았어요.

우선 성당 안에 들어오면 성당 안의 분위기, 전례의 분위기,

우선 성당 안에 제대가 있고, 성화, 성물, 이런 것이 있어요. 그
것을 보면서 엄숙해지고 진지해지죠.

이러한 성당의 엄숙한 분위기는 개신교의 "화려하고 활기차"지
만 "시끄럽고, 가벼운" 교회 분위기와 대비된다. 이러한 천주교의
엄숙한 분위기에 있다 보면, 내가 죄인이라는 사실을 깨닫고, 더
나아가 용서받는 것 같은 감동을 느낄 수 있다는 것이다.

둘째로 성직자들과 성도들의 생활 모습 역시 천주교의 '성스러
움'의 이미지를 강화하고 있다. 개신교의 목사님들은 일반 성도들
과 같이 가정을 이루고 자식도 낳고, 그래서 돈의 문제로부터 자유
롭지 못하기 때문에 아무래도 세속적일 수밖에 없다는 것이다. 반
면 결혼을 하지 않고, 그만큼 경제 문제로부터 자유로운 신부나 수
녀님들은 훨씬 더 성스러운 생활을 하고 존경할 수 있다고 말한
다.[19] 성도들의 교회 생활도 많이 비교되는 부분 중 하나이다. 개
신교에서는 집사, 권사, 장로 등의 직분을 둘러싸고 갈등이나 경쟁
이 극심할 뿐 아니라, 돈 있는 사람과 없는 사람의 차별이 심하다
는 것이다. 반면 천주교에서는 직분이 임기제이기 때문에 깨끗하
고, 그것을 둘러싼 암투도 없다고 말한다. 인터뷰에 응한 어떤 사
람은 "(개신)교회라는 데가 상업적이라는 느낌"이 든다고까지 표현
했다.

개신교와 천주교가 가지는 이러한 이미지의 차이를, 어떤 사람은
피아노와 파이프 오르간의 비유를 통해서 표현했다. 개신 교회에서
주로 사용하는 피아노는 화려하기는 하지만 가벼운데 반하여, 천주

---

[19] 이에 반해 신부나 수녀는 결혼 생활을 하지 않기 때문에 일반 신도들의 생활
문제를 깊이 있게 다뤄주지 못한다는 의견도 소수 있었다.

교회에서 사용하는 파이프 오르간은 웅장하고 깊이가 있다는 것이다. 그만큼 개신교에 비하여 천주교는 역동성은 없을지 몰라도, 깊이와 전통이 있다는 것이다. "개신교는 표현의 종교이고, 우리 가톨릭은 묵상의 종교인 것 같다"는 것이 그 신자의 결론이었다. 이러한 천주교의 이미지는 인터뷰한 천주교 신자들만의 것은 아니라, 어느 정도 널리 퍼져 있는 이미지라 할 수 있다. 우리신학연구소 박영대 소장은 "천주교는 중앙집권적인 단일 조직이고, 인사 이동을 계속해 부패가 곪아 터지기 어려운 조건이며 사회적으로 좋은 이미지를 가지고 있다"라고 말한다.[20]

이 밖에도 천주교의 성스러움의 이미지에는 1980년대 암울했던 시절 '천주교정의구현사제단'과 같이 사회 봉사 활동이나 민주화 운동에 헌신했던 것이 큰 영향을 미치기도 했다. 물론 인터뷰를 했던 사람들 가운데 직접 이런 요인을 말한 사람은 없었지만, 천주교를 분석하는 많은 사람들이 지적하고 있는 내용이기도 하다.[21] 이러한 성당의 '성스러움'에 대한 이미지는 현대의 각박한 사회 생활에 지친 많은 현대인들에게 안식처로서의 의미로서 사람들을 끌어들이는 요인으로 작용하고 있다고 생각된다.

2) 자유로운 분위기의 성당

개신교에 대한 이미지는 한 마디로 '피곤하다'는 것이었다. 이것은 비단 천주교로 개종한 인터뷰 대상자들뿐만 아니라, 대부분의 일반 사람들이 가지고 있는 개신교 이미지이기도 하다. 그것은 다른 종교를 가진 사람들에 대한 지나친 전도 행위, 나아가 다른 교

---

20) "개신교는 왜 홀로 쇠퇴하고 있는가?" 「시사저널」, 2006년 10월 19일.
21) 윗글.

회 사람들에게까지 자기 교회로 끌어들이려는 노력 등을 곱게 보지 않기 때문이다. 따라서 인터뷰 한 많은 사람들은 교회에 나갔을 때, 교인들이 자신들에게 보이는 친절이 진정성에 바탕을 둔 것이 아니라, 단순히 신자들 끌어들이기 위한 가식처럼 느껴진다고 말한다. 그에 비하여 천주교는 "미온적"이고, "너는 너, 나는 나"로 "깊이 사생활 침해는 안 하려고 노력"한다고 말한다. 물론 천주교도 개신교처럼 조직이야 구역으로 다 나누어져 있지만, 활동이 그렇게 많지 않다. 그래서 구역 활동을 특별히 하지 않으면, "자유롭게" 다닐 수 있다는 것이다.

앞서 분석에서도 나왔던 것처럼, '가족 같은 교회'나 '시댁 같은 교회'는 구성원들의 따뜻함을 나타내는 것이 아니라, 이처럼 부정적인 이미지를 표현하기 위한 것이었다.

> 친하게 같이 얘기도 많이 하고 그랬었지만 서로 어느 정도까지 절제되는 그런 것이 있어요. 그러니까 아주 친한 친구가 아닌 이상 절제되는 부분이 있는데, 그렇다고 해서 제가 갔는데 막 아는 척하고 이런 것 친절하게 하는 것 있잖아요. '어머, 자매님, 왜 교회에 안 다니시냐'고 그러면서 그래서 무서워요. 거기 가기가 무서워요. 다 저한테 그런 눈으로 쳐다봐요. 왜 교회를 안 다니나, 성당은 안 그러잖아요. 제가 혹여 주말을 못 지켰어요. 제가 그렇다고 믿음이 없는 것은 아닌데, 못 지켜도 누가 저한테 전화해서 왜 안 오냐고 그러지 않잖아요, 적어도. 못 지킬 수도 있고…….

이처럼 사람들은 천주교는 자신의 사생활이 심하게 침해당하지 않고서도, 자유롭게 품위 있게 종교 생활을 할 수 있는 곳이라 여긴다.

3) 융통성 있어 보이는 성당

인터뷰 대상자들이 성당을 긍정으로 생각하는 요인 가운데 하나는, 개신교에 비해 천주교는 융통성이 있다는 것이었다. 많은 사람들이 지적하는 내용은 술과 담배에 대한 규제가 없다는 것, 제사를 허용하고 있다는 점, 다른 종교에 대해 관용적인 태도 등을 지적하고 있다. 이것은 다원주의적인 현대 사회에서 폐쇄적인 개신교에 비해, 천주교는 개방적이고 융통성이 있다는 이미지를 갖게 하였다.

융통성 있는 천주교의 이미지는 한 개종자의 사례에서 흥미롭게 관찰할 수 있다. 개신 교회에 다녔던 응답자는 불교도인 시어머니로부터 불교로 개종할 것을 권유받았다고 한다. 자신이 교회를 다니는 줄 알지 못했던 시어머니의 계속된 권유에 고민하다가, 결국 오랫동안 가져 온 신앙을 포기할 수 없어서 천주교로 개종했다고 한다. 그녀가 천주교로 개종한 이유는 어른들의 생각에 개신교는 절대 안 되지만, 천주교는 불교와 비슷하게 여기고 있었기 때문이었다는 것이다. 막내 시동생 신부감을 고르면서 시어머니의 그러한 태도를 확실히 알 수 있었다고 한다. 신부감의 종교가 천주교라면 용납할 수 있겠지만, 개신교는 절대로 안 된다고 했다는 것이다. 왜냐하면, 개신교는 독선적이고 배타적이며 사람만 보면 전도하려고 들어 피곤하게 하지만, 천주교는 불교와 마찬가지로 포용력이 있고 사람을 자기 종교로 끌어들이려는 부담을 별로 주지 않는다는 것이 그 이유이다.

이 밖에도 많은 사람들은 천주교가 포용적이고 관대하다고 말한다. 이들 대부분은 앞서 말한 것처럼, 제사 등 우리 전통을 수용하려는 천주교의 태도를 긍정으로 보는 것이다.

4. 개종의 경험에 나타난 한국인의 종교성

1) 정체성이 약한 종교인

이번 연구에서는 뜻밖에도 면접에 응한 사람들 중에 상당수가 큰 갈등 없이 개종을 하였다는 사실을 발견하게 되었다. 그들은 개신교와 천주교는 형제 종교이며 "두 종교의 차이는 '하나님'과 '하느님'의 차이 밖에 없다."는 말로 개종 과정에 큰 갈등이 없었음을 나타내었다. 천주교 기관에서 조사한 내용에 따르면 천주 교인의 개신교 교리에 대한 호의도는 긍정적인 반응이 10.3%인데 반해 부정적인 반응이 51%로 나타나 불교나 유교보다도 호의도가 낮게 나타났다.[22]

그럼에도, 면접에 응한 사람들은 대체로 교리상에 큰 차이가 없다고 응답했다. 개신교와 천주교가 같은 하나님과 예수님을 믿는다고 하더라도 두 종교는 교리면에서나 의례면에서, 그리고 그 밖에 여러 면에서 차이가 존재함에도 큰 차이가 없다고 생각하며 갈등 없이 개종하였다는 것은 이들이 애초부터 개신 교인으로서의 정체성이 매우 약했다는 것을 드러내는 것이다.

이러한 점은 천주교 내부의 분석에서도 지적되는 점이다. 한국

---

22) 우리신학연구소, 「가톨릭 신자의 종교 의식과 신앙생활」(서울: 가톨릭신문사, 2000), 194쪽.

천주교 주교회의 한국사목연구소의 분석에 따르면, 스스로 천주교 신자로서 정체성을 표현한 사람이 많아졌지만, 실제 신앙생활은 그렇지 못하다고 지적하고 있다. "최근 수년 간 문제점으로 지적되어 온 '냉담자' 증가의 문제, 곧 성사 생활과 주일 미사 참석 등 일상적인 신앙생활의 침체 현상은 금년도 「한국 천주 교회 통계」에서도 다시 한 번 확인"되었다는 것이다.23) 언뜻 천주교 신자로서의 정체성을 표현하는 사람들이 증가했다는 현상과 주일미사 참석자가 줄어들고 있다는 것은 정반대의 현상처럼 보일 수 있다. 하지만 현대인들에게 종교가 깊은 실존 차원의 결단이기보다는, 지극히 사소하고 일부분에 불과한 것이라는 것을 보여 주는 것이다. 곧 종교 정체성의 깊이가 이들의 삶 가운데서 그렇게 크지 않다는 것이다.

한 사람이 어떤 종교인이 된다고 하는 것은 이전까지와는 전혀 다른 관점에서 세계를 바라보고 전혀 다른 삶의 양식으로 살아가야 함에도 불구하고 이러한 데 대한 고민 없이 종교인이 되었다는 의미이다. 사실 많은 교회들이 개신 교인이라는 것이 어떤 사람인지, 개신 교인이라면 어떤 세계관을 가지고 어떤 삶을 살아야 하는지에 대해서 충분히 가르치지 않는다. 따라서 개종을 결심하는 데에도 종교의 본질이나 교리의 차이, 또한 현실 세계에서의 삶의 지향성과 같은 부분에 대해서는 큰 고민이 없이 단지 겉으로 드러난 현상적인 요인에 더 많은 영향을 받게 되는 것이다.

우리가 만난 개종자들 중 절반 가량이 교회에 다녔을 때 교사나 찬양대 봉사를 한 경험도 있었지만, 이러한 봉사의 경험이 개종을 하는 데 어떤 영향을 미치지는 못한 것으로 나타났다. 그러나 앞에

---

23) 한국 천주교 주교회의 한국사목연구소, "'2005년 한국 천주 교회 통계'를 발표하며," 3쪽.

서 소개한 한 여성 개종자의 경우, 자신은 교회의 가식적인 면에 염증을 느껴 천주교로 갔지만 자신의 남편은 교회에 오래 다니면서 교리 공부를 많이 했기 때문에 쉽게 개종하지 못하고 고민을 하고 있다고 전했다. 이것은 한국의 많은 개신교 교회들이 사람을 끌어들여서 자기 교회 교인 만드는 데에는 열심이지만, 한 사람 한 사람이 개신 교인으로서의 정체성을 갖도록 도와주고 그들이 실제 삶 속에서 개신 교인으로서 살아간다는 것이 어떤 것인지 가르치는 데에는 매우 인색했다는 것을 증명하는 것이다. 이것은 앞으로 한국 교회에서 전도의 방법이나 교육 방법에서 많은 변화를 필요로 한다는 것을 의미한다.

이와 관련하여 생각해 볼 또 하나의 문제는 대부분의 한국 교회가 교회에 열심히 출석해서 활동을 하는 20~30%의 교인들을 중심으로 하여 움직이고 있다는 것이다.[24] 교회에서는 이른바 '헌신된' 일부 사람에 초점을 맞춰 교육이 이루어지고 교회 행정을 포함한 모든 활동이 이들을 중심으로 운영되고 있는 실정이다. 따라서 이들은 교회 안에서 과중한 책임으로 인해 큰 부담을 가지게 되는데 반해, 주변인으로 머물러 있는 70~80%의 교인들은 자신이 개신 교인이라는 정체성도 없이 하나의 의례로서 예배에 참여하며 종교 생활을 하고 있을 뿐이라는 사실이다. 교회의 구조와 조직이 보다 많은 사람들의 참여를 확보할 수 있는 방향으로 개선될 필요가 있다.

---

[24] 소그룹 활동이 매우 활성화되어 있는 교회조차도 전체 교인 중에 소그룹에 참여하는 비율은 40%를 넘지 못한다는 사실은 잘 알려져 있다.

2) 종교 생활의 가족주의

우리가 만난 개종자들 중의 절반 정도는 결혼 때문에 개종을 했다고 말한다. 스스로 생각해 볼 때 지금도 자신이 천주교 신자가 되었다는 확신이 없다고 말한 한 30대 여성은, 결혼 상대자의 가족이 천주교 신자였는데 시어머니 되실 분이 "다른 것은 다 양보해도 다 같이 성당에 나가야 한다는 것은 양보할 수 없다며" 결혼을 할 경우 천주교로 개종할 것을 요구했다는 것이다. 그 이유는 가족은 모두 한 종교를 가져야 한다는 생각 때문이었다. 그러나 자신이 생각하기에 시어머니가 그리 독실한 천주교 신자라는 느낌이 들지는 않았다고 한다.

50대 후반에 성당에 다니기 시작한 시어머니는 천주교 신자로서 정체성이 없이 하나의 취미 생활을 하듯이 신앙생활을 하는 것처럼 보였다고 한다. 교회의 집사나 권사처럼 신앙생활을 열심히 하고, 문제가 있으면 신앙으로 해결을 하고, 가정 예배도 드리고 그랬다면 아마 자신도 확실한 천주교 신자가 되었을지 모르지만, 시어머니는 그런 열심이나 확실한 신앙관이 없어 보였다는 것이다. 그럼에도 그 시어머니는 가족은 하나의 종교를 가져야 한다며 천주교로 개종할 것을 요구했다고 한다. 더군다나 이러한 신앙 문제로 목사님들과 고민 상담을 하게 되었을 때, 한 분 목사님을 제외하고, 다른 모든 분들은 "가정의 화복이 제일 우선"이니 시어머니의 뜻을 따르라고 권고했다고 한다.

여기서 우리는 또한 종교 생활의 가족주의를 보게 된다. 가족주의란 자신의 의사보다는 가족의 의사를 중시하고 자신의 이익이나 발전보다도 가족의 이익이나 발전을 더 우선시하는 태도를 말한다. 유교에 바탕을 둔 우리 사회의 가족주의는 서구의 개인 본위의 가족주의에 비하여, 가족의 집단적인 필요에 개인의 생활을 전적으로 얽어매는 것으로 이해되고 있다. 부부가 다른 종교를 갖는 경우도 많고, 일요일이 되면 같은 개신교라도 서로 다른 교파에 속한 교회에 따로따로 출석하는 일도 적지 않은 서양에 비해, 우리 사회에서는 가족이라면 당연히 하나의 종교를 가져야 한다고 생각하는 것은 어느 종교에서나 볼 수 있는 사실이다.

개종 경험을 한 대부분의 사람들이 결혼이 계기가 되었다는 것이 바로 이러한 가족주의 현상의 증거라 할 수 있을 것이다. 특히 개신교에서는 자식이 멀리 떨어져 있더라도 부모가 다니는 교회에 나오도록 강요하는 경우도 적지 않다. 개인의 의사나 권리보다는 가족의 의사가 우선시되는 것이다. 한편 제사 등의 문제로 가족들과의 마찰이 두려워 천주교로 개종했다는 것에서도, 우리 문화의 가족주의 태도를 발견할 수 있다. 그것은 결국 가족 내의 갈등이나 마찰이 싫기 때문에 개종을 했다는 것으로, 가족이 개인 신앙의 문제보다도 종교 선택에 있어서 더 중요한 기준으로 작용했다는 것이기 때문이다.

여기에서 주목할 점은 개신교에서 천주교로의 개종이 옳은 것이냐, 그른 것이냐 하는 차원의 문제가 아니다. 오히려 종교의 결정이 교리상의 옳고 그름의 문제나 개인 신앙의 양심 차원에서 논의되는 것이 아니라, '가족이 가장 중요하다'는 차원에서 이뤄지고 있다는 점이다. 이러한 현상은 우리 사회의 '가족주의'라는 뿌리 깊은 문화적 토대가 개종의 문제에도 깊이 개입되어 있음을 보여 주는 것이다.

천주교로 개종하는 문제에 대하여 개신교 목회자들에게 조언을 구해 보았다는 한 사람은, 한 목회자만 제외하고는 모두 가족 화목이 우선이니 일단 시댁에 의견을 따르라고 했다고 한다. 이것은 개신교 목회자들 역시 유교식 가족주의 전통을 벗어나고 있지 못한 증거라고 볼 수 있다. 물론 개종을 거부한다면 가정의 평화는 깨지기 쉬울 것이다. 그러나 종교는 단순히 의례에 참여하는 행위가 아니라 사고방식과 삶의 양식을 포괄하고 있는 것인데, 가족의 평화를 위해서 개종을 한다고 하는 것은 현실과의 타협이라는 차원을 넘어 개인에게 삶의 의미를 앗아가 버리는 심각한 결과를 가져올 수도 있다는 것을 고려하지 않는 매우 위험한 판단이라고 여겨진다.

개종을 반대한 한 명의 목회자의 반대 이유는 천주교를 믿으면 천국에 가지 못하기 때문이었다고 한다. 사실 이 개종자는 이 문제로 가장 많은 고민을 하는 듯이 보였다. 지금이라도 어느 목사님이 천주교에도 구원이 있다고 분명하게 말해 준다면 자신은 마음 편하게 개종할 수 있다고 말했기 때문이다. 물론 내세의 구원은 종교에서 매우 중요한 부분을 차지하는 요소임에 틀림없다. 그러나 종교가 내세에 대해서만 의미를 갖는 것은 아니다. 내세에 대한 희망으로 오늘 여기에서 어떻게 살아야 하는지에 대한 삶의 목표와 태도를 방향 짓는 것이다. 그러나 개종자들의 고민은 내세에 대한 구원의 문제나 종교 의례에 익숙하지 못한 것 때문일 뿐, 현재에서의 삶에 대한 고민은 없었다. 이것은 개신교뿐만 아니라 한국의 모든 종교 지도자와 종교인들이 함께 고민해 봐야 할 문제로 남는다.

3) 현대 사회에서 종교의 위치

기독교가 처음 이 땅에 들어왔을 때에는 신종교로서 기독교로의 개종에 대하여 국가와 사회로부터의 박해가 있었기 때문에, 기독교로 개종한다는 것은 매우 심각한 결단을 요구하는 것이었다. 그러나 기독교가 전래된 지 100년(천주교 기준으로는 200년)이 지난 오늘에는 기독교 신앙을 갖는다는 것이 그렇게 강한 정체성의 변화를 요구하지 않을 수 있다. 또한 지식 정보화 사회 또는 포스트모던 사회가 되면 많은 사람들이 제도 종교의 의례, 가르침, 계율은 따르지 않으면서 개인적 신앙생활을 하는 경향이 있다. 그리하여 현대 사회에서 종교는 취미 생활의 하나로 여겨질 수 있으며, 다소 과장되게 표현하다면, 하나의 장신구로 전락할 수도 있다. 낮은 종교 정체성은 바로 이러한 현대 사회 특성을 반영하는 것으로 볼 수도 있을 것이다.[25]

이러한 다원주의 시대에, 문화 상대주의적인 태도는 융통성 있는 천주교 이미지와 선택적 친화력이 있는 부분이다. 다른 종교, 다른 문화 등에 대해 개신교는 폐쇄적인데 비해, 천주교는 개방적이라는 사실 또한 다원주의 사회라는 현대 사회의 추세와 천주교가 선택적 친화력을 가지는 부분이라 생각된다. 그러나 한 가지 고려해야 할 점이 있다. 천주교에서는 술 담배에 대해 관대하기 때문에 이 문제로 갈등을 하는 남성들이 천주교를 선호하는 경향이 있다. 또한 제사 문제에 대해서도 천주교는 개방되어 있다. 그러나 피임이나 낙태 문제에 대해서는 천주교가 개신교보다 엄격한 기준을 가지고 있음에도 이것이 크게 영향을 미치지 않는다고 하는 것은 의문을 남긴다. 술, 담배는 겉으로 드러나는 데 반해, 피임이나 낙태는 겉으로 드러나지 않는 일이기 때문에 크게 개의치 않는 것으로

---

25) 종교사회학자인 로버트 우스노우(Robert Wuthnow)는 이런 의미에서 현대 사회를 D.I.Y 종교의 시대라고 말하기도 한다. 현대인들은 기존의 전통적인 종교 교리를 그대로 받아들이기보다는 자신의 입장에서 취사 선택을 하여 자기 자신의 종교로 만든다는 것이다.

볼 수 있다. 따라서 이것 역시 우리나라 사람들의 외형을 중시하는 종교성을 드러내는 것이라고 할 수 있겠다.

계산적이고 치열한 현대 사회에서 현대인들은 누구나가 정서적이고 성스러운 분위기에서의 안식을 원한다. 천주교가 가지는 성스러운 이미지는 현대인들의 이러한 욕구를 충족시키고 있다. 반면 개신 교회 내에서는 경쟁적인 사회생활이 교회 안에서조차 반복되고 있다고 느끼며, 그만큼 세속적이라고 생각한다. 최근 종교 인구에 대해, 어떤 교수가 이런 말을 했다.

"정치에 출마하기 위해 준비하는 사람이 제일 먼저 받는 권고 사항은, 선거 있기 약 3개월 전부터 지역의 대형 교회에 출석하라는 것이다."

그만큼 교회는 세상으로부터 거룩하게 분리되어 있다는 이미지를 갖고 있지 못하다. 따라서 경쟁, 출세, 돈 등 일상으로부터 벗어나고자 하는 현대인들에게 천주교의 성스러운 이미지는 호소력을 가질 수 있는 것이다.

그러나 여기서 이러한 성스러운 이미지가 누구의 이미지인가 생각해 보아야 한다. 우리가 만난 개종자들은 성당이나 신부 또는 수녀에게서 느끼는 성스러운 이미지에 대하여 많은 이야기들을 했다. 자신들 스스로 성스럽게 되려고 하기보다는 성직자나 성당의 성스러움에 만족해하며 그것을 '소비'하는 것이다. 현대 사회에서 상품의 기호나 이미지를 소비하듯이 종교적인 성스러움도 '소비'의 대상이 된 것이다. 따라서 개신교가 현대인들에게 설득력을 갖기 위해서 잃어버린 성스러움을 회복한다고 할 때, 그 성스러움은 단순히 이미지의 성스러움이 아니라 실제 개신교 신자 한 사람, 한 사람이 자신의 생활에서 성스러움을 회복해야 한다는 의미로 이해해야 할 것이다. 이것은 이 세상과 엄격히 분리된 '수도원식의 영성'을 뜻하는 것이 아니라 로버트 벨라가 말한 바, 종교의 본질인 '초월성'을 견지하면서도 현대 사회에서 적실성을 갖는 실천적인 성스러움의 회복을 의미하는 것이다.26)

5. 나가는 말

우리는 개신교에서 천주교로 옮겨간 사람의 이야기를 통해 오늘을 살아가는 우리 사회 구성원들의 종교성을 살펴보고자 하였다. 개종이 옳다, 그르다를 말하려는 것도 아니고, 개신교가 좋으냐 천주교가 좋으냐를 논하려는 것도 아니다. 애초부터 개종자를 대상으로 한 연구이기에 개신교의 단점들이 부각될 수밖에 없었다. 그러나 엄밀히 말한다면, 이 단점들은 개신교 자체가 가지고 있는 단점이라기보다는 '오늘날 개신교 교회들에 의해서 이루어지는 현상에 대해 개종을 경험한 사람들이 느낀 단점'이라고 해야 옳을 것이다. 그럼에도 이들의 이야기는 이 땅의 개신교 교회들에게 깊이 성찰해야 할 필요를 던져 준다.

현재 한국 교회의 상황에 대해 '위기'라고 말하는 사람들이 있다. 그러나 우리는 한국 교회가 왜 위기라고 보는가를 생각해 보아야 할 것이다. 한국 교회가 위기 상황인 것은 단순히 성장이 정체했기 때문에 위기가 아니라 교회의 정체성을 잃어버리고 교회가 감당해야 할 역할을 다하지 못하기 때문에 위기라고 봐야 한다. 오늘날

---

26) 이와 관련된 '창조적 긴장'의 개념에 대해서는 로버트 벨라, 「사회변동의 상징 구조」(박영신 옮김)(서울: 삼영사, 1981), 185쪽을 볼 것.

한국 교회는 성스러운 종교의 영역마저도 세속 가치에 매몰되어 교회에 대한 평가를 양과 수의 측면에서만 하려고 하는 것이 문제이다. 물론 성장이 정체했기 때문에 현재 한국 교회의 상황을 돌아보고 반성할 기회를 갖게 되기는 했지만, 한국 교회의 위기는 성장이 정체했기 때문이 아니라 교회가 담당해야 할 역할을 제대로 하지 못하고 있기 때문에 위기인 것이다. 교회가 작고 그 수가 적다고 하더라도 교회가 마땅히 해야 할 역할을 하고 있다면 위기라고 할 수는 없기 때문이다.

겉으로 드러나는 종교 인구 자체가 중요한 것이 아니다. 현대와 같은 다원화된 사회에서 자신이 속한 종교 공동체의 우월함을 일방으로 주장하는 것도 의미가 없다. 그보다는 자신들이 선택한 종교가 가르치는 바대로 의미 있게 살아가는 것이 중요한 것이다. 따라서 개신교의 지도자들은 각 교회 공동체에 속한 구성원들이 개신교인으로서의 정체성을 가지고 하루하루를 의미 있게 살아갈 수 있도록 도와야 할 것이다. 그러나 이 정체성은 다른 종교인들을 배격하는 정체성이 아니라 저마다 가지고 있는 종교와 종교 신념을 서로 존중하면서 우리 사회에 기여할 수 있는 정체성이어야 할 것이다. 개신 교인으로서의 정체성을 가지고 교회 생활뿐만 아니라 사회 활동에도 충실할 때 우리 사회에서 개신교는 비종교인으로부터 존중을 받을 뿐만 아니라 사회에서의 공신력도 회복하게 될 것이다.

포럼 앞에

한국 교회의 많은 사람들은 현재가 위기라고 이야기합니다. 한국 교회가 사회에서 외면당하고 스스로도 그 교인들을 유지하지 못하고 떠나보내고 있는 상황이나 위기인 것은 분명합니다. 그러나 이제는 서서히 그 위기의 너머를 바라보게 됩니다. 그 이유는 우리 모두가 현재가 위기라는 것을 인식하고 있고 그 극복 방안을 찾고 있기 때문입니다. 이제 위기는 그 극을 넘어서고 있는 것이라고 생각합니다. 문제는 그 너머를 어떻게 설정할 것인가에 달려 있습니다. 즉 앞으로 한국 교회가 어떻게 나아갈 것인가를 생각해 보아야 할 때라는 것입니다. 과거의 그 모습의 회복으로서는 더 이상 가능성을 찾을 수 없을 것으로 보고 그러면 앞으로는 어떤 모습으로 우리를 세워야 할 것인가를 함께 생각해 보아야 한다는 것입니다.

최근 천주교의 급격한 성장은 우리들에게 여러 가지 생각해 보아야 할 점들을 던져 주었습니다. 천주교의 성장 속에서 우리가 보고자 하는 것은 현대인들이 어떠한 종교적 심성들을 가지고 있는가 하는 것입니다. 즉 오늘날 천주교를 찾는 사람들 속에서 이 사회의 흐름을 보고 더 나아가서는 현대인들의 종교성을 밝혀 보고자 하는 것이죠. 이러한 작업은 앞으로 한국 교회가 어떠한 방향으로 나아가야 할 것인가에 대해서 중요한 방향성을 제시해 줄 것으로 믿고 있습니다.

이번 포럼이 이루어지기까지 감사해야 할 일들이 너무 많습니다. 기꺼이 이번 포럼에 참여해 주신 오경환 신부님에게 먼저 감사를 드립니다. 신부님의 참여는 우리들에게 그간 갇힌 사고와 좁은 편견을 넘어설 수 있는 기회를 마련해 주었습니다. 그리고 개신교의 이러한 모임에 참석해 주신 용기에 감사를 드립니다. 그리고 큰 틀을 보여 주신 박영신 교수님에게도 감사를 드립니다. 항상 스승으로서 절제된 언어를 보여 주신 교수님의 가르침이 이번 포럼에 큰 밑바탕이 되었습니다. 이번 포럼을 준비하면서 이분들과 이루어진 교제는 연구원들에게 새로운 배움이었습니다.

또 작은 뜻을 큰 것으로 믿어주신 지구촌교회와 이동원 목사님, 비전을 함께 나눠주신 굿미션 네트워크의 임태종 목사님과 한기양 목사님, 디딤돌교회의 공동체에 감사를 드리고 한국목회자협의회에도 감사를 드립니다. 그리고 두란노 《목회와 신학》의 편집장이신 최원준 목사님의 신뢰에도 감사를 드립니다. 이 분들과 그 공동체들에 많은 빚을 지고 있음을 고백하게 됩니다. 처음 시작하는 이 일에 대해서 보여 주신 그 분들의 신뢰와 협력이 있었기에 오늘 이 자리까지 오게 된 것 같습니다. 하나님께서 보여 주신 비전에 이들의 호응이 증거가 되었음을 겸손히 고백합니다. 그리고 무엇보다도 저희를 믿고 저희가 청한 10명의 개종자들을 한 자리에 모아 주신 xx동성당에 감사를 드립니다. 저희들의 학문의 순수성을 믿어 주시고 개신교와 가톨릭의 형제애를 신뢰해 주신 것은 저희들에게 신선한 충격이었습니다.

그리고 함께 토론하고 연구에 임해 준 '일상과 초월'의 회원들, 그리고 이번 프로젝트에 참여해 주신 분들에게도 감사를 드립니다. 무엇보다도 이번 연구가 한국에서 드문 개종자 연구라는 데 초점을 맞추며 함께 즐거워했던 시간들은 귀한 추억이 될 것입니다.

　이러한 장에 참여해 주신 여러분들에게도 감사를 드리며 여러분들의 열정이 한국 사회를 발전시키고 한국 교회를 움직여 갈 수 있기를 원동력이 되기를 소원해 봅니다.

2006년 11월 마지막 날
목회사회학연구소 · 일상과 초월
참여자 다함께 드림

부록

개종자 심층 면접 조사 1

1. **때** : 2006년 9월 8일(목) 오후 10시 – 11시

2. **곳** : 분당 정자동

3. **인터뷰 대상자** : 김○○(여, 45세, 인문학 박사)

4. **인터뷰 내용**

질문: 선생님께서 평소에 살아오시면서 가장 가치 있다거나 중요하다고 생각하신 것이 어떤 것인지 말씀해 주시겠어요?

대답: 저는 중고등학교 때 미션스쿨을 다녔기 때문에 교회에 나갔던 적이 있지만, 대학 들어가면서는 별로 종교의 중요성을 인식하지 못해서 교회에 안 나갔어요. 중고등학교 때는 학교에서 강제로 나가게 한 분위기도 있었고, 친구들도 있었고, 거의 학교 영향이 컸지요. 그런데 대학 들어가면서 주말에 모여서 MT도 가고 공부도 하면서 교회와 멀어졌죠. 대학교 2학년 때 친구들이 오라고 해서 기독교 서클인 C.C.C.에도 한번 가봤는데 그게 저의 일상생활이나 계속된 비전을 갖고

신앙생활하는 것으로 연결이 되지 않았고, 그냥 친구들이 속해 있으니까 한 번 가보는 것으로 끝났어요. 그런데 졸업 이후 사회생활을 하면서 좌절도 하고 어려움도 많아졌고, 특히 결혼하고 부부 갈등이나 시댁 문제에서 상당히 어려움을 겪으면서 저 자신이 많이 어두워졌는데 그때에 신앙이 참 도움이 많이 되었어요. 나이를 먹으면서 제가 좌절을 많이 겪는 힘든 상황에서 죄 된 생활을 하다가 그만 정신 차리고 신앙생활을 다시 시작하면서 심리적으로 많이 건강해지고, 삶의 의미를 다시 찾게 된 것 같아요. 제가 공부를 계속 하고 직장 생활을 하고 애를 키우느라 생활에 얽매여서 교회를 안 나간 것은 생활이 바빠서이기도 하지만, 한편으로는 대학 때 분위기의 연장선상이기도 하였지요. 따라서 생활이 힘들어도 교회에 나가서 하느님께 기도드려야겠다는 생각을 해 본 적이 없어요.

그런데, 최근 성당에 나가게 된 이유는 결혼 생활과 저의 일이 안 풀려서 진짜 고통스러웠기 때문이에요. 결혼 생활이 힘들고 내가 하고자 하는 일이 잘 안 되고, 사람들한테 치이고 하면서 저는 한 십년 이상 어둠속에서 살았는데 그동안 점도 많이 봤어요. 그래서 점쟁이한테 갖다 바친 돈도 많아요. 그렇게 신앙생활하고는 멀리 있다가 몇 년 전에 미국을 가게 되었지요. 미국으로 가기 전에 제가 우울증 상담을 받은 적이 있었는데, 그때 "차분하게 성당을 나가보는 것이 어떻겠냐?"는 권유를 받은 적이 있어요. 그런데 미국에 가자고 해서 집주변의 가까운 교회를 다니게 되었지요. 저희 남편도 대학 때 교회를 나갔던 적이 있었고, 저희 아이는 어려서 집앞 상가의 조그만 교회를 다녔었지요. 미국에 아는 사람도 없고 해서 겸사겸사 교회를 나갔죠. 제가 기도를 하고 목사님 설교 테이프도 들으면서 다시 신앙생활을 시작하게 된 것은 미국에서 교회를 나가게 되면서부터예요. 그런데 귀국해서 교회가 아닌 성당에 나가게 된 이유는 첫째는 제가 교회에서 너무 사람들한테 시달렸기 때문이에요.

질문: 미국에서요?

대답: 네. 한국에서도 교회에 대해 좋지 않은 기억이 있었어요. 초등학교 6학년 때 친구 따라서 어린이 성경학교에 나갔지요. 그 때 저희 동네에 약간 판자촌 같은 언덕에 사는 사람들도 있었고, 중산층도 있고 했는데 이 목사님이 교인들을 너무 차별을 하시더라고요. 불구거나 가난한 사람들이 오면 악수도 안 해주고 헌금도 잘 내고 잘 차려입은 사람들에게만 잘 하는 것을 보면서 굉장히 안 좋은 느낌을 받은 기억이 있어요. 그리고 교회 나가는 곳마다 성전 건축 한다고 돈을 내라 하고, 시계는 누가 기증했고 등등 뭔가 강요하는 분위기들이 안 좋은 인상이었어요. 그리고 중고등학교 때는 공부 못하는 애들이 교회에 와서 연애한다는 식의 그런 세속적인 분위기가 싫었어요. 그래도 중고등학교를 미션 스쿨을 나와서 그런지 대학도 미션 스쿨을 가게 되었지요.

질문: 일부러 미션 스쿨을 가신 거예요?

대답: 네 그런데 대학 와서 서클 생활을 하게 되면서 안 나갔고, 마르크시즘에서 말하는 "종교는 아편이다."라는 분위기 등에 휩쓸렸고, 저 자신의 개인 생활이 없는 편이었거든요. 그러니까 자기 개인의 내면 성찰 같은 것이 없이 분위기에 휩쓸

려서 살다보니까 신앙의 중요성을 전혀 몰랐지요. 친정어머니가 뒤늦게 성당에 나가서 세례를 받았는데, 저희 어머니도 자식들이나 남편한테 전혀 권유를 안 했어요. 혼자만 조용히 다니셨고 그래서 지금 생각하니까 참 원망스럽더라고요. 자기는 좋은 성당에 다니면서 나는 그렇게 어둠 속에 생활하는데 왜 한 번도 권유를 안 하셨는지.

질문: 말씀 중에 죄송한데 그러면 아까 점도 보러 다니셨다고 했는데….

대답: 그게 결혼하고 남편하고 잘 안 맞고 경제적으로 어렵고, 내일이 잘 안 풀리고 하면서 점을 보게 되었지요. 저도 공부를 계속하고 싶은데 제가 돈을 벌어야 했고, 처음에는 잠깐 해야지 생각했던 게 너무 오래 가니까 힘들고, 애를 키우면서도 힘들고 상황이 계속 나빠진 거죠. 그 와중에 남편은 자기 성취를 잘 했지만 저는 오히려 남편 원망을 많이 했었어요. 어쨌든 저도 학위를 끝내느라고 힘든 상황에서 주위 사람들에게 상처를 너무 많이 받았고, 가까운 분들이 도와주기는커녕 힘들어하는 저를 보면 피하거나 귀찮아했지요. 심지어 후배들한테도 무시당하면서 이전에 가까웠던 사람들에 대해서 배반감, 거부감이 많이 들었지요. 이렇게 마음에 상처를 많이 받은 상황에서 갑자기 남편 따라 미국을 가게 되었지요. 그 때 만난 어느 기독교 신자분이 자신의 힘든 얘기들을 다른 사람들한테 말하지 말고 "하나님께 매달려라, 하나님께 소리쳐 기도해라."는 말씀을 해 주셨지요. 제 생각에 저는 나름대로 사람들에게 친절하게 대했다고 자부했고, 사람들하고 얘기하는 것을 좋아했는데 사람들은 제 생각 같지 않더

라고요. 제가 어떤 고민을 털어놓으면 저에 대한 나쁜 얘기가 소문으로 돌아오는 일을 겪었는데 특히 목사 사모님에게서도 그런 경험을 했어요. 그래서 제가 한국에 들어오면 사모님 없는 교회를 나가리라 그런 생각을 했어요.

질문: 그 목사님 사모님 경우는 미국 교회에서 한인 교회를 나가신 것인가요?

대답: 네. 한인 교회요. 한인 교회를 두 군데 다녔는데 둘 다 그랬어요. 남편하고 잘 안 맞아서 힘들다고 한 말이 저에 대한 나쁜 소문이 되어 돌아오더라구요. 두 번째로 제가 교회에 안 나가는 이유가 제가 애 엄마라는 이유로 교회 행사마다 밥하러 오라는 강요 때문이에요. 교회가 저를 너무나 밥하는 사람 취급을 했어요. 저는 직장 생활하고 공부하면서 요리는 잘 못했고 그러니까 음식 준비가 제게는 무척 힘든 일이었어요. 교회에 가면 주일 예배 후에 밥을 주잖아요. 처음에는 환영도 해 주고 밥을 주니까 좋더라고요. 하지만 그 다음에 바로 밥 짓는 조에 편성되어 돌아가면서 계속 밥을 해야 돼요. 그러니까 음식을 준비해 가서 예배를 봐야 되고, (예배가) 끝나기도 전에 부엌에 내려와서 차려야 되었지요. 그런데 그렇게 하고 나면 뒤에서 서로 흉보고 싸움이 나고 그랬어요. 식사 당번을 맡은 주부들끼리 서로 그랬지요. 그런데 목사님은 잘 하려고 그러셨겠지만, 한 달에 한 번씩 돌아가는 점심 당번 외에도 노인들을 초대한다, 무슨 행사다 해서 먹는 모임을 많이 만드셨고, 그러면 여전도 회장이나 조장들이 교회 와서 밥 하라고 전화하고 그랬지요. 제 딴에는 저도 구원을 받기 위해서 교회에 열심히 가고, 기도 모임도 나가

고 새벽기도회도 나가고 그랬었는데 나가면 나갈수록 너무 요구하는 것이 많은 거예요. 특히 밥 하러 오라고 하는데, 저는 요리에 취미가 없어서 그랬는지 참 힘들었어요.

질문: 밥을 하고 그러는 것이 일종의 봉사라면 봉사인데…….

대답: 그런데 사실 저는 이런 생각이 든 거죠. 저 같은 사람은 그런 밥하는 봉사가 아니라 다른 봉사를 해야 되는 거죠.

질문: 교회에서는 그런 것을 고려하지 않고요?

대답: 애가 있는 엄마들은 무조건 와서 밥 하는 것만 시킨 것 같아요. 거기에 대해서 어떤 설명이나 동의도 구하지도 않고 자기 마음대로 조를 짜서 일방적으로 시키더라구요. 저는 원래 시댁이 농촌이라서 명절 때 시골에 가면 굉장히 할 일이 많았거든요. 미국 가서 명절 때 시댁에 안 가도 되어서 너무 좋아했는데 오히려 교회가 시댁 같은 느낌이 들었어요. 음식 장만하는 게 사실 별로 제 적성에 맞지 않기 때문에 싫었지만 거기서 인간관계에 시달리는 것, 서로 치사한 거예요. 음식 준비하는데 누가 더 많이 하고 덜 하고 그런 말이 나오는 것이 너무 싫었어요.

질문: 서로 배려하는 차원이 아니고요?

대답: 사실 전 한국에서 가르치는 것을 워낙 오래했기 때문에 그런 봉사를 했으면 했어요.

질문: 기회가 없었나요?

대답: 없었어요. 그리고 저는 세례도 안 받았었고.(그래서 기회를 주지 않았고) 오로지 밥만 하러 오라고 그랬고, 아니면 운전하라 그러고. 그래서 저 같은 경우는 생활이 불안한 상황에서 그런 요구들이 너무 힘들었어요.

질문: 그리고 교회를 한 번 옮기신 거죠, 미국에서?

대답: 처음에는 조그만 교회를 나갔는데 거기서 남편이 목사님께 우리 부부 관계에 문제가 있다고 상담을 했는데 그 목사님이 사모님한테 저를 좋지 않게 얘기하셨나 봐요. 사모님이 저에게 남편이 저에 대해 어떻게 말했는지 모두 알려주었지요. 사모님은 좋은 의도에서 말했는지 모르겠지만 나에게는 너무 큰 쇼크였고 굉장히 오래 갔지요. 사모님이 나를 불쌍하게 쳐다보는 등 이상하게 대해서 상처를 너무 많이 받았어요. 그리고 두 번째 교회 가서는 교인들한테 너무 시달리고 휘둘렸고, 특히 운이 나빴는지는 모르겠지만 너무 가식적인, 너무나 세속적인 분한테 이용당한 경험도 있었고, 특히 그분들이 교회에 가면 하나님한테 충성하는 척하는 그런 모습에 너무 실망했지요. 하지만 목사님 설교가 좋기는 좋았어요. 저는 설교 듣는 것을 무척 좋아했고 목사님도 좋아했지요. 그런데 교회라는 곳이 너무 배타적이어서 자기네 교회 아니면 다른 나쁜 교회로 보는 분위기가 싫었어요. 다른 교회는 이단이고 자기네 교회만 좋다고 너무 강조하기도 하고, 교회의 수준이 목사님에 따라 너무 많이 좌우되었지요. 그런 것들이 사람들이 하나님, 예수님이 아니라 목사님을 믿는 신앙인 것 같아 안 좋게 보였어요. 그리고 목사님 설교도 불교나 천주교에 대해 너무 비판적인 데 거부감이 들었어요. 저는 개방적인 종교가 좋았거든요. 이전에 저는 성당이 굉장히 멀게 느껴지고 성당을 다녀야겠다는 생각을 해 본 적도 없는데, 미국 한인 교회에서 너무 많이 질려서 귀국하면 사모님 없는 교회, 밥 안 먹는 교회에 다니려고 했지요. 그게 성

당이에요.

질문: 아, 그렇군요. 혹시 교회를 찾아 가실 때, 예를 들면 설교도 잘 하시고 부담을 주지 않는 교회를 찾아보려는 생각은 안 해보셨나요?

대답: 멀잖아요.

질문: 아, 그런 교회는 머니까.

대답: 네. 그랬는데 제가 한국에 돌아오자마자, 저희 이모가 적극적으로 성당에 가서 교리를 공부하라고 권해 주셨어요. 또한 친한 친구들과 가까이 살게 되었는데 모두 성당을 무척 열심히 다녔어요. 한 친구는 건강이 매우 안 좋아서 매일 미사를 드리면서 믿음으로 극복한 친구였고, 또 한 친구는 매일 성당 새벽 기도를 다니면서 집안의 어려움을 극복하고 잘된 친구였어요. 그 친구들이 저에게 성당 나가서 기도하자면서 많이 도와줬어요. 그래서 성당을 매주 다니게 되었지요. 처음에는 성당 미사가 굉장히 어색하고 불편하기도 했지만 교리 공부 9개월 동안 받으면서 점차 익숙해졌지요.

질문: 그러면 나가신지는 얼마나 되신 거죠?

대답: 2년이 넘었지요. 처음에 교리 공부 할 때, 교리 공부를 하고 성체 받는 게 왜 중요한지, 그리고 미사 의식이 어떠한 의미가 있는지에 대해, 묵주 기도의 의미에 대해서도 교육을 잘 받았지요. 처음에는 묵주 기도하는 것이 어색하게 느껴졌는데 신부님께서 묵주 기도를 많이 하게끔 훈련시키더라고요. 교회는 목사님에 따라 천차만별인 데 비해서 성당은 어디든 똑같은 의식을 치루면서 성스러운 느낌이 들게 해 주고 어느 성당에 가도 되고, 꼭 자신이 속한 성당에 나가지 않아도

죄책감이 없어서 좋잖아요. 어느 지방에 가든 그 지방 성당에 가면 되고요. 이 성당 저 성당 떠돌아다니지 말라고 하지만 저는 지방에 가거나 친정에 갈 때면 그 곳 성당에 나간 적도 많은 편이에요. 성당에서 봉사하는 사람은 아직 아니지만 어디든 매주 안 빠지고 나가지요.

질문: 혹시 처음에 성당에 가셨을 때 기존에 개신교를 다니셨을 때 하고 많이 달랐을 텐데 교리도 좀 달랐을 테고 거부감이랄지 아니면 교리가 달라서 갈등이라든지 그런 것은 없었나요?

대답: 처음에 생소하고 어색한 것은 있었지요. 예를 들어서 교회는 처음에 온 교인을 잘 대해 주고 챙기는데, 성당은 처음에는 아무도 아는 척을 안 해요. 누가 왔는지 안 왔는지 신경도 안 쓰는 것 같아요. 교리 공부를 6개월 이상 하는데 그때는 성체도 못 받았고 아무 구역에도 소속이 안 되어 있으니까 소외감도 들었지요. 하지만 미사 중에 서로 "평화를 빕니다"라는 인사를 하는데 저의 친구가 너무너무 따뜻하게 제 손을 잡아주고 미소지어준 것이 큰 힘이 되었지요. 말하자면 옆에서 누가 도와주느냐가 저한테는 중요했던 것 같아요. 교회에서는 안 좋은 사람을 많이 만났던 반면, 저를 도와주는 친구의 인도로 성당에 나갔던 거지요. 그리고 제가 성당에 가고 싶은 마음이 들게 된 것은 묵주 기도의 힘도 크지요. 처음에는 똑같은 것을 반복하는 것같이 보였지만, 저는 묵주 기도를 통해서 도움을 많이 받았지요. 또 요즘 성경 공부도 나가고 있어요. 미국 한인 교회에서도 성경 공부를 나갔었는데 아줌마들 사교장의 의미가 컸어요. 공부하러 오는지 먹으

러 오는 것인지 의문이 들 정도였지요. 지금 제가 성당에서 좋은 성경 공부 반에 들어가서 공부하고 있어요. 리더가 선교사이신데 너무너무 성경을 잘 해석해 주셔서 "진짜 내가 이렇게 아무것도 모르고 살았구나!" 하고 가슴을 치면서 한편으로 후회하고 한편으로 감사하면서 성경 공부를 하고 있어요. 은퇴하신 교수님도 계시고요, 성당을 나가면서 좋은 분들을 많이 만나고 있어요. 그리고 성경에 대한 해석뿐 아니라 역사적 배경까지 너무 잘 알려 주시니까 그 시간에 빠지기가 아까울 정도로 좋아요.

질문: 그러면 전에 개신교에서 성경 공부를 할 때는 인도는 누가했나요?

대답: 목사님 사모님이요. 그런데 사교하고 같이 밥 먹으러 오는 분들이 많아서 별로였어요.

질문: 상담이 필요할 때 신부님을 만나시나요, 어떻게 하시나요?

대답: 신부님이요? 개인적으로는 안 만나요. 저는 목사님이고 신부님이고 가까이서 쫓아 다니는 것을 잘 못해요. 그런데 그냥 말씀만 들어도 좋은 신부님이 계세요. 목소리만 들어도 좋지요. 그 다음에 스스로 기도를 하죠. 그동안 기도가 많이 늘었어요. 저는 중학교를 미션 스쿨을 다녔는데 학생 임원회의를 하면 기도를 시켰지요. 저는 그게 너무 두려웠어요. 제가 신앙심도 없는데다 말주변이 없어서 그랬었던 것 같아요. 그런데 묵주 기도는 정해져 있는 룰이 있잖아요. 그 룰을 하나씩 하나씩 반복하면서 자기가 필요한 기도를 해요. 기도를 잘 하게 해 달라고도 요청하고 남편의 구원을 위해서도 기도하고, 아이 문제에 대해서도 기도를 하는데 그 때마다 기

도의 수준이 깊어지는 것 같아요. 한 2년 기도했는데 많이 익숙해지면서, 기도 내용도 처음에는 일상적인 기도를 했다가 점점 더 깊어지고 마음이 안정되면서 '내 탓이오'가 나오더라고요. 남의 탓이 아니라. 그리고 이전에는 일주일씩 속상했던 일들이 기도하면서 하루내로 다 해결이 되기도 하고요.

질문: 그러면 요즘에는 전에 힘드셨던 것들이 많이 해결이 되셨나요?

대답: 전에는 내가 비참하고 살기 싫다는 생각이 들었을 때도 많았지요. 지금이라고 해서 우울한 때가 없는 건 아니지만, 그래도 세례 받고 신앙생활하면서 많이 긍정적으로 바뀌었지요. 성당 다니는 주위 분들이 제게 모두 다 은총이고 축복이고 그런 식으로 이야기를 해 주고 도와주니까 생각이 바뀌었지요. 저 자신이 '아, 내가 더 나빠질 수도 있었는데, 잘못하면 죽을 수도 있었는데' 하는 생각이 들 때도 있지요. 사실 제 주위에 자살한 사람들이 좀 있거든요. 몇 년 전에 저희 집에 놀러 와서 자고 가고 간 분이 자살했지요. 아주 친한 사람은 아니지만. 심지어 아는 분 중에 건물에서 떨어져서 투신자살하고 목매어 죽은 분도 계세요. 한 2년 전에. 그래서 저는 아무리 힘들어도 하루하루 사는 것에 감사하며 살고, 내가 죄를 많이 지었으니까 회개하는 심정으로 살게 되었지요.

질문: 남편 분하고는 성당에서 신앙생활을 같이 하시나요?

대답: 올해부터 같이 해요. 처음에는 주변 분들에게 자신이 성당에 다닌다는 말하지 말라고 하더니, 요즘은 신부님 강론 책도 사오고 주위 분들에게 책도 권하고 한답니다.

질문: 남편께서는 미국에 계실 때 교회를 나가셨었죠?

대답: 그래서 제가 영세 받는 날 얼마나 화를 냈는지 몰라요. 그동
안 저희 남편은 여기서 ㅈ교회 나갔거든요. 제가 성당 나가
는 동안에요.

질문: 따로 따로 나가신 거예요?

대답: 저는 어떤 날은 교회도 가고 성당도 갔어요. 그러다가 남편
이 작년 말부터 성당을 나가게 되었어요.

질문: ㅈ교회는 괜찮은 교회라고 알려져 있는 것 같은데.

대답: 우리 남편이 설교 듣는 걸 좋아해요. 그래서 그 목사님 설교
테이프를 한 일 년 동안 매주 사왔어요. 설교가 좋아서 이
교회 정도면 괜찮을 것 같아요.

질문: ㅈ교회가 괜찮은 교회라고 말씀하셨는데 교회와 성당 사이에
서 마음이 완전히 성당 쪽으로 기울어진 것인가요?

대답: 저는 교회에 다니면서 너무 힘들었고, 사람을 옥죄는 분위기
가 싫었던 것 같아요.

질문: 그러면 남편 분께서는 갈등을 좀 하셨나요? 선생님 권유에
같이 가기로 하신 건가요?

대답: 아니요, 권유 안 했어요. 남편이 제가 성당 다닌다고 구박하
고 특히 세례 받는 날 세례명 갖고 욕해서 무척 서러웠어요.
그런데 제가 시댁이나 교회가 이러저러해서 교회에 나가기
싫으니, 성당에 가야겠다고 일 년 이상 버텼지요. 처음에는
성당에 따라와서 트집을 잡고, 신부님 강론이 왜 저렇게 짧
냐, 의식이 복잡해서 못 따라하겠다고 불평불만이 많았지요.
그런데 어느 날 본인이 세례를 받겠다고 하더라구요. 남편은
공부하고 말씀 듣는 것을 좋아하는데, 마침 신부님이 유학까

지 다녀오신 공부하는 신부님이셔서 그런지 더 열심히 재미있게 교리 공부를 했던 것 같아요.

질문: 성당으로 옮기셨을 때 천주교도 기독교고 개신교도 기독교니까 그것 때문에 좀 편하게 결정하실 수 있으셨나요?

대답: 그럼요. 같은 하느님을 믿는 건데요. 그리고 성당을 다녀보니까 상징이나 의식도 중요한 것 같아요. 그런 것들이 사람을 편안하고 성스럽게 해 주는 것 같아요. 전에는 저도 우상숭배 같다는 생각을 했었는데 그런 느낌이 없어졌어요.

질문: 말씀 감사합니다.

개종자 심층 면접 조사 2

1. **때** : 2006년 10월 26일(목) 오후 3시 - 4시

2. **곳** : 서울 ㅈ 성당

3. **인터뷰 대상자** : 김○○(여, 57세, 대졸, 주부)

4. **특기사항:** 가족 모두 천주교. 교회 출석은 6세~21세, 1984~
   1997 유명 ㅅ교회 집사, 구역장 봉사 경력. 1997년 6월 개
   종. 구역장, 레지오 단장 봉사.

5. 인터뷰 내용

질문: 먼저 성도님께서 종교라는 것을 왜 필요하다고 생각하시는
   지, 종교가 인생에서 얼마나 중요한지 말씀해 주시기 바랍니
   다.

대답: 인생에 첫째, 가장 중요한 거잖아요. 우리 영혼 구원이 가장
   중요한 거니까요. 태어난 목적이 하느님을 믿고 섬기고 따르
   기 위해서, 그래서 영원한 세상으로 가는 것이 우리 목적이

죠. 자기 구원을 위해서 천주교든 개신교든 자기에게 맞는 것을 열심히 하면 되는 것 같아요. 하느님이 그것을 그 사람의 성향에 따라서 부르시는 것이라고 생각해요, 저는. 제가 (천주교로) 온 것이 아니고 하느님께서 계획을 하셨는데 "개신교에서 먼저 배우고 와라." 저에게 그러신 것 같아요. 여기 천주교를 처음부터 계속 다닌 사람들은 뭐가 좋은지 잘 몰라요. 그런데 개신교에서 있다가 오면 차이점도 알고, 이쪽에 뭔가 소중한 것이 있다 하는 것도 알고, 또 개신교의 좋은 점을 가지고 오니까 또 좋고. 친정의 동생은 아직도 개신교거든요. 아주 열심히 (하는) 권사이고, 그런데 동생마저도 절, 그러니까 언니 둘이 이쪽으로 왔는데도 그렇게 이해를 못해요. 한 형제간에도 화합이 안 돼요.

질문: 성도님만이 아니고 언니들도 같이 천주교로 바꾸신 것인가요?

대답: 네. 그 언니들이 저보다 12년 먼저 갔어요.

질문: 말하자면 언니분의 영향을 받았다고 할 수 있나요?

대답: 그럼요. 그리고 사촌언니가, 그 사촌언니도 모태 신앙, 개신교였는데 시집을 천주교 집안으로 갔어요. 그래서 못견뎌하더니 점점 자기가 연구를 하면서 하나씩 하나씩 받아들이더니 저를 보기만 하면 "너는 천주교로 와야 돼." (그랬어요). ㅅ교회를 다닐 때, "이런 좋은 교회에 안 다니는 사람들은 불행하구나." 이런 식으로 무시하고, 쓸데없는 자부심, 이렇게 좋은 교회를 안 다니고 왜 다른 데를 갈까 생각했었어요. 그러다보니까 목사님이 우상이 되다시피 해서 그 목사님이 아니면 안 된다는 식으로, 멀리 분당에 사는 사람들까지 오

거든요. 그래서 목사님이 은퇴하시면 우리는 어떻게 되나, 하는 생각도 들고, 한 목사님에게만 매달려 있다는 것이 점점 못마땅해졌어요.

질문: 그러니까 성도님께서는 결혼이나 이런 것 때문이 아니고 주위 분들이 권해서….

대답: 네, 사촌언니가 권하고, 보면서 비교가 자꾸 되잖아요.

질문: 어떻게 비교가 되시던가요, 구체적으로 개신교하고 천주교하고?

대답: 제가 친정에 가면 교회를 가야 되는데 우리한테 맞는 합동, 통합인가 그것을 따져야 되고 그 근방의 교회는 기장이니까 이건 아니야. 예장, 그런 것을 찾아야 했어요. 그러다 어쩔 수 없이 가까운 교회에 가 보면 실망이고, 그래서 차라리 천주교에 따라가서 미사 참례한 적도 있었는데, 그것이 참 안 좋았습니다. 천주교는 어디나 다 똑같다는데 개신교는 파가 많아서 자기파만 찾아야 되고 이런 것. 그리고 사촌 언니랑 같이 순복음교회, 영락교회, 여러 교회 집사님들하고 성경 공부를 한 7년 했거든요. 사촌언니도 같이 끼어서 같이 했는데, 그 언니가 성경 공부를 하다가 안 풀리는 것이 있잖아요, 그러면 "야, 너네는 이런 거 못 풀지? 천주교에서는 풀려." 하면 할 말이 없었어요.

질문: 천주교 신자이신데 성경 공부에 같이 참석을 하신건가요?

대답: 네. 원래 개신교였기 때문에 같이 성경 공부를 하면서 자꾸만 "이런 것은 어떻게 푸나, 목사님은 안 풀어주시고……." 그게 바로 그 연옥 문제. 개신교에서는 터치를 안 하잖아요. 그런 식으로 자꾸 자꾸 쌓이고, 오랜 세월 동안에 점점 천주

교가 좋은 것 같아서 천주교로 오게 됐어요.

질문: 서서히 그런 과정을 거치셨는데 스스로 성당에 오신 결정적인 어떤 계기가 있었나요?

대답: 가긴 가야 되겠다는 마음이 계속 있었어요. 우리 남편이 교회 가면, 한때는 새벽 기도도 다닌 사람이(저도 거기 새벽 기도를 한 13년 다녔거든요) 언제부턴가 지독하게 재미없어하고, 가면 꼭 눈 감고 있고, 찬송도 안 부르고 그런 상황이 제법 계속 되었어요, 되게 속상해서. 차라리 가까우니까 성당에 가자고 그랬더니 좋다고 그러더라고요. 점점 성당으로 가고 싶다는 생각이 들었고, 또 그 쪽에서는 47세부터 권사 자격이 돼요. 그래서 그때쯤부터 "김 집사도 이제 권사 해야지." 이런 소리가 들리니까 그게 왜 이렇게 싫었는지, 책임자 이런 것이 되게 싫고, "그런 걸 어떻게 해" 걱정 되었어요.

질문: 그래도 구역장도 하셨는데.

대답: 그것은 어쩔 수 없이 (했어요).

질문: 권사가 되면 더 책임이 많아진다는 것이 부담스러우셨나요?

대답: 네. 집사면 권찰하고 구역장하고 그런 것이 다 자동 케이스예요. 그 점은 참 좋아요. 누구나 다 해야 된다는 것. 여기는 구역장, 반장을 시키려면 다들 안 하려 해요. 그래서 여기서 제가 하는 소리가 개신교에서는 하려고 하고 하는 것을 영광으로 알고 그러는데 어떻게 여기는 서로 안 하려고 하냐 했어요.

질문: 그럼 여기서 구역장을 하신 것은 자원해서 하신 것인가요?

대답: 아니요. 할 사람이 없으니까, 저도 안 하려고 빼다가 어쩔 수

없이 했죠.

질문: 언니들이 천주교에는 뭐가 좋다고 하셨나요?

대답: 집사, 권사, 이것은 한 번 받으면 평생이잖아요. 여기는 구역
장도 임기가 정해져 있어요. 그리고 그런 장을 하면 뭐라고
해야 되나, 확실히 높아져요, 맡으면. 천주교는 그 기간만 하
다가 다시 평신도로 내려오잖아요, 그런데 권사인 제 동생도
보면 처음 마음하고는 다른 것 같아요. 봉사직이 아니라 나
중에는 다스리는 사람처럼 돼서 못마땅한 것이 참 많아요.
권세욕, 그런 것이 자기도 모르게 생겨요. 그리고 목사님 한
분만 바라보고 온 성도들이 똘똘 뭉쳐서 다른 데로 안 가고,
멀리 이사 가도 오고, 하는 게 싫었어요. 그런데 여기는 신
부님이 길어야 5년, 자꾸 바뀌고 그러잖아요. 그런 것도 좋
아요.

질문: 혹시 그럼 천주교 말고, 다른 개신교의 다른 교회로 옮겨 볼
생각은 안 해 보셨나요?

대답: 아니요, 교회가 싫어서 옮긴 것이 아니어서 천주교가 좋아서,
어릴 때부터 (하나님께서) 정해 놓으셨던 것 같아요. 전주에
서 성당 옆에서 살았는데, 성당 마당이 우리 놀이터였거든
요. 전 성당이 우리 놀이터였어요. 학사님들(신학생)이랑 수
녀님이 좋고 그런 것이 예비하신 게 아닌가…….

질문: 옛날이야기를 여쭤보는데, 교회에 안 나가게 된 것이 대학
진학하면서인가요?

대답: 네. 재수하면서.

질문: 재수하면서 그 때는 그냥 공부에 전념하기 위해서 안 가신
것인가요?

대답: 창피해서요. 늘 가야 된다는 마음은 있었어요. 교회 잘 다니는 친구가 교회 가야지 하면 가긴 가야 되는데, 하여튼 그때는 마음이 안 열렸어요.

질문: 혹시 그때, 중고등학교 때라든지 교회에서 한 영적 체험 같은 것, 구원의 확신이라든지 하는 것이 있었나요?

대답: 전혀 없었어요.

질문: 그런 것이 없이 그냥 교회에 다니셨군요. 그러면 안 나가시다가 다시 나가게 된 것은 언제부터인가요?

대답: 결혼해서 이 동네로 이사 와서 모든 일이 다 잘 되는데 불안해요. 그리고 성경 말씀 중에 잘 생각이 안 나는데 '참 아들이 아니고 사생자이다' 그런 말씀이 있죠? 그런 걱정이 있었어요. 너무 편안한 것은 불안하다고 그러면서 교회를 찾았죠. 어느 교회를 갈까 하고 있었는데 친구가 ㅅ교회를 가보자고 그래서 교회에 다니게 되었죠. 그리고 이 근방에서는 ㅎ교회도 가보고, 그런데 거기는 아니고.

질문: ㅎ교회는 왜 아니라고 생각하셨죠?

대답: 갔더니 바로 등록을 하래요.

질문: 가자마자요?

대답: 네. 너무나 극성을 떨어서. 그런데 ㅅ교회는 6개월 동안을 내버려 두더라고요, 스스로 등록을 할 때까지. 그리고 목사님의 말씀이 좋고.

질문: 그러면 그때는 어떤 영적인 체험을 하셨나요?

대답: 나름대로, 부흥회도 쫓아다니고, 성경 공부를 할 때 방언 기도도 하고. 부흥회하고 철야 기도 할 때, 집에서 일대일로 하나님께 기도할 때 소리 지르고 그런 기도를 하면서.

질문: 성당에서도 막 소리 지르고 기도하는 것도 하나요?

대답: 성령 기도회라고 일주일에 한 번 씩 해요. 그리고 철야도 있고. 그런데 거기서는 개신 교회 부흥회처럼 해요. 그런데 그 것을 안 좋아하는 사람들은 안 좋아해요. 한 번 가서 놀라서 나오고. 미사 때는 안 하고, 특별히 성령쇄신봉사회라고 따로 그런 분들이 와서 해요. 방언하고, 입신하고 다 해요. 똑 같아요. 개신교의 좋은 것은 다 받아들였어요. 성가도 우리 가톨릭 성가는 미사 때 하고 성령 기도회, 철야 때는 복음 성가, 생활 성가라 하는데 그것을 보면 개신교 찬송과 거의 가사만 조금 틀리고 똑같아요. 그래서 되게 좋아요.

질문: 그러면 개신교에서 천주교로 바꾸신 것인데 개신교하고 천주교하고 전혀 다른 종교라고 생각하신 것은 아닌 건가요?

대답: 그렇죠. 같은 하나님, 그런데 불행하게도 많이 달라요.

질문: 어떤 점이 제일 다르다고 생각하시나요?

대답: 제일 다른 것은 성체, 개신교 성찬식에서는 그냥 "예수님 몸 이다. 그것을 기념한다."고 하는데 천주교에서는 그것이 아 니라 신부님이 축성하시는 순간 밀떡이 예수님의 몸으로 변 화한다고 믿어요. 그리고 성체 분배자가 "그리스도의 몸" 하 고 주시잖아요. 주시면 우리는 "아멘"하고 받아서 영접해요. 예수님 몸을. 그리고 요한복음에도 보면 예수님의 살과 피를 먹고 마시지 않으면 너희에게는 영원한 생명이 없다는 그것, 그 말씀도 되게 걱정이 되었었어요. 먹지 않으면 영원한 생 명이 없다. 그런데 그게 개신교에서는 상징이라고 하고 우리 는 그게 아니라고. 그 당시 사람들도 말씀이 어려워서 못 알 아듣겠다고 다 떠났거든요. 예수님의 피와 살을 먹어야 된다

는 그 얘길 듣고. 사제의 축성으로 밀떡이 진짜 살이 돼요. 그러니까 그것이 틀리고, 또 틀린 것은 연옥, 개신교에서는 죽은 이들을 위해서 기도를 안 하잖아요? 그 때쯤 아버지가 돌아가셨는데 아버지를 위해서 기도하는 것이 좋아서, 그 때쯤 연미사(죽은 이를 위한 미사)도 드리고 그런 일이 있었어요. 또 성모님, 그 귀한 존재를 무시해요. 개신교에서는 그것이 우상이라고. 그런데 여기서는 성모님을 믿고 그런 것이 아니라 우리의 가장 믿음에 본보기로, 인간 중에서는 가장 예수님과 가까웠고 하나님을 가장 잘 믿으신 분으로 공경하는 것이죠.

질문: 처음에 성당으로 바꾸실 때 개신교에서는 그 부분에 대해서 성모 마리아에 대해서 우상시 한다고 할까 해서 별로 좋아하지 않는 편인데 거부감이 없으셨나요?

대답: 이상하다는 것은 있었지만 거부감은 없었어요. 옆에 언니 때문에. 그런데 처음에는 애들이 싫어했었어요. 그런데 우리 아이들도 ㅅ교회를 열심히 다니더니 고등부 때부터는 회의를 느끼고 교회를 다니기 싫어했어요.

질문: 어떤 점에서 회의를 느끼던가요?

대답: 신앙 이런 것보다도 완전히 세상적인 분위기, 굉장히 그쪽은 부자 아이들이 많거든요.

질문: 여기도 비슷하지 않나요?

대답: 여기보다 개신교가 더해요. 여긴 그래도 검소해요. 거기에 비하면. 그런데서 같이 어울리다가 보니까 눈에 거슬리는 것이 참 많았나 봐요. 그래서 교회에 가기 싫어하고 그랬었어요. 그런 때에 저랑 아빠가 옮기니까 잘 따라 오고, 마침 군대를

가더니 거기서 성당에 가서 영세를 하고. 작은 아이는 한동안 교회를 갔었어요, 거기 친구들 때문에, 그러더니 언제부턴가 성당에 오더니 지금은 기독교 방송 같은데서 목사님 설교가 나오면 "목사님 설교 이상해." 그러면서 천주교가 좋대요. 그러니까 천주교, 개신교는 다 사람에 맞게 하나님이 다 해 주시는 것 같아요. 그리고 개신교가 없으면 천주교도 그렇고 사람이 하는 일은 다 부패하잖아요. 그런데 천주교는 개신교를 '갈려나간 형제'라고 하면서 늘 기도하거든요. 기도문도 있어요. 그러면서 애틋하게 해 주려고 하는데 개신교에서는 천주교를 이상하게 이단시하고, 싫어해요. 그것이 차이가 있어요. 천주교를 아주 싫어해요. 같은 형제라고 생각을 안 하고. 저보고도 이쪽에 왔을 때 불쌍한 것 같이 보면서 "왜 그랬어, 어쩌다 그랬어," 막 이랬어요.

질문: 그런데 천주교에서는 개신교에서 세례를 받았어도 인정을 안 해주죠?

대답: 네. 다시 또 받아야 돼요.

질문: 그것은 왜 그런 것인가요?

대답: (웃음) 그것은 신부님한테 여쭤보시지.

질문: 처음에 세례 받은 것이 언제라고 하셨죠?

대답: 고등학교 3학년 때인가?

질문: 그때도 어떤 확신을 갖고 받은 것이 아니셨죠?

대답: 아니고, 고모가 하도 하라고 해서였어요.

질문: 개신교와 천주교의 장단점이 있다면 어떤 것이 있을까요?

대답: 개신교의 장점은 찬송을 많이 하는 것, 모이면 찬송을 하잖아요. 구역 예배 하기 전에 한 열 곡은 불러요. 그리고 부흥

회 할 때도 한 곡만 할 때는 밋밋하다가도 연거푸 한 다섯
번 정도 해야 성령을 받는다고 그렇게 배웠는데 여기서는
마지못해 한두 곡 하고. 구역 예배 같은 것을 우리는 반기도
회라고 하거든요. 그때도 그렇게 안 하고 그것이 아쉬워서
만날 저는 개신교에서는 많이 부르는데 우리는 안 한다고
그래요.

질문: 그러면 여기 성당에서 구역 예배를 드리시면, 구역 모임을
하시면 개신교처럼 그런 예배 같은 것을 하시는 것인가요?

대답: 아니요, 복음 나누기라고 말씀을 가지고.

질문: 토론하고 같이 얘기하고 그렇게요?

대답: 네. 천주교의 장점은 아까도 말했죠, 권사, 집사, 뭐 이런 것
이 없이 일정 기간 동안만 봉사하고 다시 평신도로, 그런 게
없는 것이 진짜 좋아요.

질문: 평신도의 직분 같은 것이 천주교에서는 없는 것인가요?

대답: 없죠. 제일 안 된다 싶은 것이 권사, 장로 해서 영화를 누리
려고 하는 것, 그거 되기 위해서 투표할 때 굉장해요. ㅅ교
회에서도 그랬어요.

질문: 혹시 여기서도 평신도 회장 같은 것을 뽑지 않나요?

대답: 그것은 투표를 안 하고 신부님이 임명하시는 것으로 알고 있
는데요. 제가 알기로도 여성 총구역장도 서로 안 하려고 하
는데 신부님이 딱 해달라고 "나 좀 도와줘." 하시니까 어쩔
수 없이 순명하느라고 하고, 2년 그 동안에 고생하고 그래
요.

질문: 교회를 옮기실 때 천주교에서 천천히 그랬다고 하더라도 결
정을 하실 때, 일종에 결정이잖아요. 특별히 천주교에 가보

고 싶다고 끌렸던 요인이 한 가지 있다면 뭐가 있을까요?

대답: "……."

질문: 희미하세요?

대답: 네. 어렸을 때 영화를 보면 '기적'이라는 영화에서도 그렇고 수녀님들의 그레고리안 성가가 얼마나 좋은지 몰라요. 친정 엄마는 돌아가실 때까지도 천주교를 싫어하셨거든요. 똑같은 음악을 들어도, 성가를 들어도 저는 그렇게 좋은 것이 엄마는 중이 염불하는 것 같아서 싫다고.

질문: 직분과 관련해서 ㅅ교회 내에서도 안 좋은 모습들이 있었었 나요?

대답: 장로 투표 때도 선거 운동 암암리에 하면서 물질 공세하고, 그렇게 하고 싶어 해요. 제 동생이 권사 하는 것도 어쩌면 그렇게 하고 싶어서 난리를 치는지 몰라요. 선출되고 나서는 세상을 다 얻은 것처럼 축하해 주기를 바라고 뭐가 그렇게 좋은지 이해를 못하겠어요.

질문: 사람이 기본적으로 명예욕이 좀 있기는 있잖아요. 정도 차이 는 있겠지만 어떠세요? 성당에 오시는 분들은 대체로 그런 것이 다 없어 보이시나요?

대답: 성당 안에서의 명예욕 같은 것은 없고, 그러니까 좀 순종 형 이 이쪽으로 오는 것 같아요. 그런데 저는 순종 형이 아니었 거든요. 그래서 그쪽에서 오랜 세월 개신교에 있다가 나중에 불러 주신 것 같아요.

질문: 보면 주위 분들이 다 순종적으로 보이세요?

대답: 네. 아닌 사람도 가끔 있긴 있지만 대체로 보면 태어날 때부 터 순종형은 천주교, 아닌 사람은 좀 도전적인 사람은 개신

교, 그렇게 나뉘는 것 같아요.

질문: 활동은 어떤가요? 교회 내에서의 활동, 천주교에도 평신도들이 참여하는 활동들이 많이 있습니까? 교회하고 비교해서 좀 말씀해 주세요.

대답: 천주교에서 활동은 장 자리에 있는 사람들이 주로 하죠.

질문: 평신도들은 별로 없고요?

대답: 네

질문: 성도님도 평일에도 성당에 자주 나오신다고 하셨잖아요?

대답: 평일에는 매일 미사

질문: 미사가 매일 있어요?

대답: 네, 매일 있어요. 그것이 성당마다 다른데 우리 성당은 월, 토요일만 한 대, 화요일부터 금요일까지는 세 대가 있어요. 그게 신부님이 한 분만 계시면 할 수가 없어요, 지방이나 작은 성당은.

질문: 그것이 의무는 아니겠죠?

대답: 네, 의무는 아니에요. 의무는 주일하고, 대축일이 따로 있고 그런데 오고 싶으니까. 제 아들 얘기를 들어 보면 주일 미사만 나오다가 지금은 매일 미사를 나오는 이유가 미사에 오면 자기가 죄인이라는 것을 깨닫는대요. 그런데 미사를 끝내고 세상 밖으로 나가면 다시 또 죄 속에서 더불어서 살고 그러니까 그게 안 되겠다 싶어서 매일 미사를 가게 되었다고 그렇게 얘기하던데요.

질문: 성당에서는 평신도들에 대한 요구가 많은 편인가요, 어떤가요? 각 성도님들에 대해서 수녀님들이나 신부님들이 책임을 준다든지.

대답: 그렇게 강하지는 않죠. 특히 십일조, 전혀 말씀을 안 하세요. 저는 개신교에서 습관이 되었기 때문에 일단 받으면 십분의 일을 딱 떼잖아요. 그렇게 하는데 여기는 교무금이라고 의무적으로 매달 내는 것이 있어요. 그런데 그것은 십일조하고 틀려요. 너무나 놀랐어요. 봉헌금이 적어요. 그리고 헌금 말씀하시는 신부님이 드물어요. 가끔 십일조 이런 것 말씀하시는 신부님이 계시기는 하죠. 그런데 돈만이 아니고 시간의 십일조, 어떤 것의 십일조, 이렇게 같이 말해요.

질문: 이미지로 보면 어떠세요, 천주교 하면 떠오르는 것이요?

대답: 개신교하면 극성맞고 시끄럽고, 천주교는 경건하고 조용하고. 개신교도 좋은 것 많아요. 우리는 교리를 꼭 6개월, 5개월 이렇게 받고 영세하니까 그것 때문에 못 들어오는 사람들도 있어요. 교리가 부담스러워서. 그런데 개신교는 바로 등록하잖아요. 세례도 빨리 받을 수 있지요. 그런데 여기는 자격을 갖춰야 세례 받을 수 있어요.

질문: 장시간 감사합니다.